现代企业人力资源管理理论与创新发展研究

钱玉竺　著

SPM 南方传媒 | 广东人民出版社
·广州·

图书在版编目（CIP）数据

现代企业人力资源管理理论与创新发展研究 / 钱玉竺著. — 广州 : 广东人民出版社，2021.12

ISBN 978-7-218-15584-5

Ⅰ.①现… Ⅱ.①钱… Ⅲ.①企业管理—人力资源管理—研究 Ⅳ.①F272.92

中国版本图书馆 CIP 数据核字（2021）第 263179 号

XIANDAI QIYE RENLI ZIYUAN GUANLI LILUN YU CHUANGXIN FAZHAN YANJIU

现代企业人力资源管理理论与创新发展研究

钱玉竺 著

出 版 人：肖风华

责任编辑：李力夫
责任技编：吴彦斌 周星奎
装帧设计：马静静

出版发行：广东人民出版社
地 址：广州市大沙头四马路 10 号（邮政编码：510102）
电 话：（020）85716809（总编室）
传 真：（020）85716872
网 址：http://www.gdpph.com
印 刷：三河市德贤弘印务有限公司
开 本：710mm×1000mm 1/16
印 张：13.75 字 数：218 千
版 次：2022 年 6 月第 1 版
印 次：2022 年 6 月第 1 次印刷
定 价：68.00 元

如发现印装质量问题，影响阅读，请与出版社（020-85716849）联系调换。
售书热线：020-87716172

前 言

21世纪什么最重要？人才。各个国家都意识到人才的重要性，纷纷采取各种措施招揽人才，重视人才培养，以在未来的发展中占得先机。对于企业来说，人才同样重要。在企业的所有资源中，人力资源是最独特、最重要的资源。企业的生存靠人力资源，企业的发展靠人力资源，企业的创新更要靠人力资源。可以说，人力资源决定了现代企业的生死存亡。

人力资源管理是对人力资源进行配置、促进人力资源素质提升的重要手段。对于现代企业来说，做好人力资源管理工作至关重要。只有做好人力资源管理工作，才能为企业提供较多的高素质人力资源，也才能保证现代企业的永续发展。而做好这一工作，前提就是对现代企业人力资源管理的相关理论有清晰的认识和把握。当今社会瞬息万变，知识更新速度加快，人力资源管理也在不断创新发展，并会将这种创新继续进行下去。这是时代的要求，也是企业发展的必经之路。

现代企业人力资源管理理论庞杂，且在不断创新发展之中。但现代企业要发展，要进步，必须敢于面对挑战，克服困难，切实做好人力资源管理工作。针对现代企业人力资源管理的发展，以及现代企业的需要，特撰写本书，以求丰富对相关理论的研究，为现代企业人力资源管理工作的开展提供指导。

本书共有七章内容。具体来说，第一章对现代企业人力资源管理的基本理论进行了研究，主要涉及人力资源及人力资源管理的概述，并对企业人力资源管理面临的形势与挑战及新发展进行了分析。第二章是现代企业人力资源管理规划，主要包括人力资源管理的基础工作、人力资源管理的供需预测、人力资源规划的制定与操作等内容。第三章阐述了现代企业人才引进的相关内容，主要涉及企业人才招聘的基本理论、企业人才招聘的过程、企业人才的甄选与测评以及企业人才的录用决策等。第四章是现代企业员工的培训与开发，在对员工培训与开发基本理论进行阐述的基础上，对员工培训与开发系统的构建、员工培训需求与培训计划的制定、员工培训计划的实施、员工培训效果的评估分别进行了论述。第五章是对现代企业员工绩效评估系统科学构建的研究，主要论述了员工绩效评估的基本理论、员工绩效评估系统的构建、员工绩效评估的创新等内容。第六章是现代企业员工薪酬福利方案的研究，在阐述员工薪酬与福利管理基本理论的基础上，分别对员工薪酬管理的程序及制度设计、员工福利方案的设计与实施进行了分析。第七章从现代企业人力资源管理人员的角色转变、网络环境下的现代企业人力资源系统管理、现代企业人力资源管理的信息化三个方面对现代企业人力资源管理的创新发展进行了阐述。

本书对现代企业人力资源管理的诸多方面进行了研究，并展示了现代企业人力资源管理的创新发展。本书在撰写过程中力求理论丰富、紧跟时代、指导实践，希望通过本书能够对现代企业人力资源管理工作的开展提供准确有效的指导。

在撰写本书的过程中，笔者参考借鉴了诸多相关的文献资料，在此向其作者表示衷心的感谢。同时对在本书成书中给予帮助和支持的亲朋好友也表示感谢。由于作者精力与水平所限，书中难免出现不妥之处，恳请广大读者予以批评指正，不胜感激。

作　者

2021 年 10 月

目　录

第一章

现代企业人力资源管理概述

人力资源是现代企业中的重要资源,决定着现代企业的发展情况。企业要想获得发展壮大,必须对人力资源进行科学地管理。本章对现代企业人力资源管理的相关理论进行研究,主要涉及人力资源以及人力资源管理的概述、企业人力资源管理面临的形势与挑战、企业人力资源管理的新发展等内容。

第一节　人力资源概述

一、资源与人力资源

(一)资源

资源是一个经济学名词,其是为了创造物质财富而投入到生产过程中的一切要素的总和。资源包含的要素非常丰富,一般来说,可以分为自然资源和社会资源两大类,社会资源又包括资本、信息和人力资源等,如图 1–1 所示。

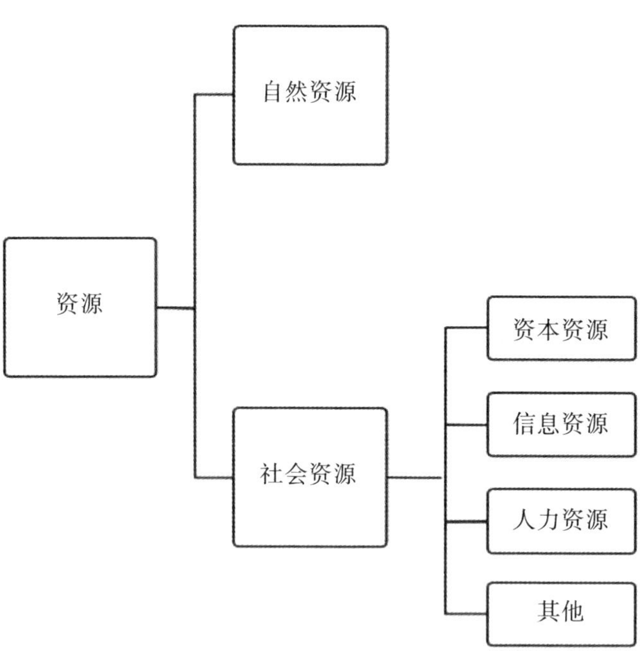

图 1-1　资源的分类

关于各种资源的具体说明如下。

1. 自然资源

自然资源是指自然中存在的未经人类加工的可用于生产活动的自然物,如山川、土地、森林、矿藏。

2. 资本资源

资本资源也是自然物,只是它是经过人类加工而来的,如人类用于生产活动的资金、机器、厂房、设备等都属于资本资源。资本并不会被人类直接消费,它只是人类用来创造新的产品与价值的工具。

3. 信息资源

描述生产活动及与其有关的一切活动的事物的符号集合就是信息资源。相对于其他资源来说,信息资源具有独特性,这种独特性主要体现在它具有共享性。

4. 人力资源

“人是宇宙的精华，万物的灵长。”英国著名的文学家莎士比亚的这句话道出了人类的伟大和重要。在所有的资源当中，人力资源是最活跃的，也是最重要的。也正因如此，经济学家将人力资源称为第一资源。

（二）人力资源

自从人类认识到人力资源以来，许多学者都对人力资源进行了诸多的研究，并得出了各自的观点。那么人力资源到底是什么呢？综合以往相关的研究，对人力资源可以做如下理解：人力资源是指人类社会所拥有的一切可以利用的人的劳动能力（包括体力、智力）的总和，是指一定范围内具有为社会创造物质和精神财富、从事体力劳动和智力劳动的人的总称。企业人力资源是指企业所拥有的全部人员（包括与企业目标相关的其他人）的各种能力的总和。值得一提的是，很多管理学家都将人力资源视为一种无形资产。人力资源有宏观与微观意义上的概念，这两大意义上的概念主要存在划分和计量单位的差异：以国家或地区为单位，人力资源的概念具有宏观意义；以部门和企事业单位为单位，人力资源的概念则是微观意义上的。①

二、人力资源的特征

人力资源作为资源的一种，具有资源普遍性的特点，相对于其他资源，人力资源更具有诸多的独特性。下面主要对人力资源区别于其他资源的特征进行分析。

人力资源的特征有很多，如图 1–2 所示。

从图 1–2 看出，人力资源的特征主要包括能动性、智力性、社会性、时效性、两重性、再生性、持续性，下面分别对其进行分析。

① 齐义山，谢丽丽．人力资源管理[M]．西安：西安电子科技大学出版社，2017.

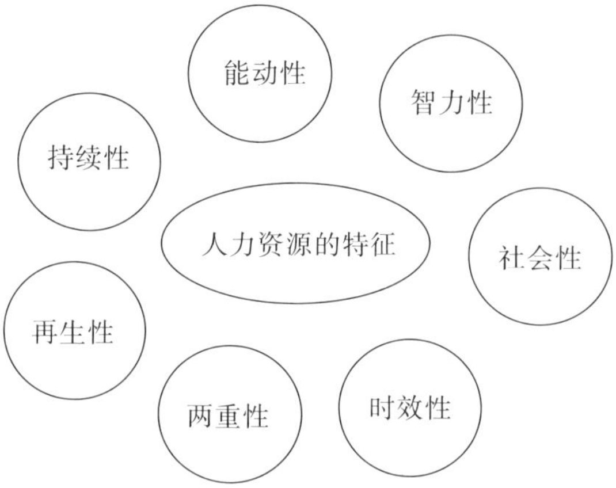

图 1-2　人力资源的七大特征

（一）能动性

人是具有社会意识的，并能够根据自己的意识，积极主动、有目的、有意识地认识与改造世界，并且在认识与改造世界的过程中处于主体地位，这决定了人力资源的能动性，也正是这种能动性使人力资源与其他资源具有了根本性的不同。

人力资源的能动性特征主要体现自我强化、自我选择和积极性三个方面。自我强化是指人们具有学习的能力，能够通过学习获得知识和技能水平的提高，从而实现自身素质的发展。自我选择是指人具有选择的意识，能够根据自我需要和实际选择职业，通过市场的调节，人类主动与各种物质资源相结合。积极性是指人力资源能够积极劳动，通过积极地劳动不断挖掘自身的潜力，发挥自身的价值。

人力资源的能动性表明，人力资源与其他资源不同，并不像其他许多资源一样在被开发时完全被动，而是具有能动性，因此人力资源的开发水平受到其能动性的影响，即具有“可激励性”，因此要充分发挥人力资源的价值，就要重视人力资源的能动性，采用各种措施，通过激励不断调动人力资源的积极性。

（二）智力性

人力资源具有智力性特征。人与动物都依靠自然界提供的各种资源生存，但动物只是靠本能来顺应自然，人则是在改造自然。人类正是靠着智力从自然界中获得各种生产生活资料，并将其作为自己的手段和工具，不断扩大自身的能力，从而创造更多更丰富的生活生产资料，满足自身和社会的发展。由于智力的存在，人力资源具有无限的可能性，而且这种智力也是具有连续性的，通过智力的不断开发和增强，人力资源的劳动能力也得到增强。

（三）社会性

人生活在一定的社会中，受到社会中各种因素的影响，自然具有了社会性的特征。不同的民族、不同的组织存在于在不同的地域中，形成了不同的文化和社会习惯，不同民族和组织的人，受到所处时空的社会、文化、时代的影响，形成了不同的差异，这种种的差异造成了人力资源质量的不同。来自不同地域的人带有各自的文化和价值取向，体现了不同的社会性，在生活生产以及交往过程中表现出来。对于企业来说，要重视人力资源的社会性，因此要在人力资源管理中，做好团队建设，将不同人力资源的社会性统一到企业中来，妥善处理好人力资源社会性的差异甚至矛盾，以及利益的协调，为企业和社会的进步打好基础。

（四）时效性

人力资源的前提是人的存在，存在的人是有生命力的，所以人力资源也是有生命力的，同样的，人的生命是有限的，人力资源也具有了时效性的特征。也就是说，人力资源的形成、开发和利用都会受到时间的限制。人是生命有机体，其发育成长以及发展都是有着一定的规律和周期的。发育成长期、成年期、老年期是人的生命周期的三大阶段。在这三大阶段中，只有成年期的人才能算现实的人力资源，因为这样一阶段的人的体力和脑力都已发展到较高的程度，能够胜任一定的劳动，创造应有价值；而处于发育成长期和老年期的人，前者发育还不够成熟，体力和脑力不足，后者则是体力和脑力衰退，劳动能力丧失，因此都无法创造价值，因此都不能称为人力资源。人力资源具有时效性，这就要求企业把握好人力资源受时间限制的特点，在遵循人的成长规律的基础上，适时及时地开发和利用，发挥人力资源的最大价值和作用。

（五）两重性

人在生产的同时也进行着消费，因此人既是生产者，也是消费者。

人力资源也具有这种两重性，它既能够创造财富和价值，也需要进行投资。对人力资源的投资决定着人力资源的质量，这种投资包括教育投资、卫生健康投资以及人力资源的迁移投资。人类几乎所有的知识和技能都是出生以后通过接受教育获得的，其劳动能力也是在后天形成并不断提高的，要获得知识、技能和劳动能力，必须付出一定的时间和金钱。人类要积极劳动，必须有健康的身体做保障，这就离不开对卫生健康的投资。人力资源具有能动性，会根据自己的需要，选择适合自己的职业，因此也需要人力资源迁移的投资。根据舒尔茨的人力资本理论，教育投资、卫生健康投资以及人力资源的迁移投资属于人力资本的直接成本，而因此错失的就业机会和收入则属于人力资本的间接成本，也就是机会成本。要想获取人力资源，要想提高人力资源质量，进行投资是必需的，只有进行投资才能获取收益。人力资源的投资也遵循投入产出的规律，而且人力资源的投资具有高增值性。因此，在人力资源管理中，要重视对人力资源的投资，不断提高人力资源的质量，发挥人力资源的更大价值，为社会创造更多的效益。

（六）再生性

资源有可再生资源与不可再生资源之分，作为资源中最重要的人力资源则具有再生性。人力资源的再生性通过两个方面得以实现。一是人口的再生产，二是劳动力的再生产。人口不断繁衍，人力资源也就不断再生产，这就是人口的再生产。而劳动力的再生产是指人在从事劳动以后，经过一定的休息和能力补充，劳动力会得到恢复，同时，人也可以通过接受教育、培训获得新的劳动能力或技能。在开发和利用人力资源的过程中，要正确认识人力资源的再生性，保证再生过程的顺利实现，并要区分人力资源再生性与可再生资源再生性，重视人类意识与人类活动对人力资源再生性的影响。

（七）持续性

人力资源具有持续性，这种持续性指的是开发的持续性。许多自然资源在经过开发形成产品之后就没有办法再进行开发了，而人力资源则不同。人力资源的使用是一种开发的过程，人力资源质量的提升同样是一种开发的过程，从这一层面上讲，人力资源可以经过多次开发。只要是现实的人力资源，都可以通过不断的学习更新知识、提高技能，只要他的职业生涯尚未结束，就都是可以进行持续开发的。目前，全世界都在倡导终身学习，其前提就是人力资源的开发持续性。因此，企业要注重对人力资源的教育培训，不断提高其德才水平。尤其是在科技发展日新月异的新时代，更需要及时地更新完善人力资源的知识，才能顺应时代发展的要求。

三、人力资源的构成

人力资源是由两个方面构成的，分别是数量和质量（图 1–3）。

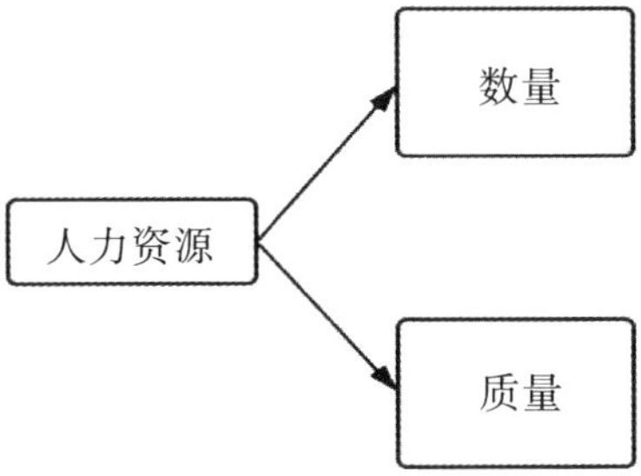

图 1–3　人力资源的构成

（一）人力资源数量

1. 人力资源数量的含义

简言之，人力资源的数量就是劳动力人口的数量，是指一个国家或地区拥有的具有劳动能力的人口资源。从微观意义上进行计量，对于一个组织或者单位而言，人力资源的数量就是其员工的数量。而对于一个国家来说，人力资源的数量要通过现实人力资源数量和潜在人力资源数量进行计量。每个国家都有对于本国居民劳动年龄的规定。未成年人和老年人都不算劳动适龄人口，但他们中有一些人也存在具有劳动能力且正在从事社会劳动的情况，而在劳动适龄人口中，也有一些因种种原因未能参加社会劳动的人口，这些都要作为计算人力资源数量的依据。

2. 影响人力资源数量的因素

影响人力资源数量的因素见图 1-4。

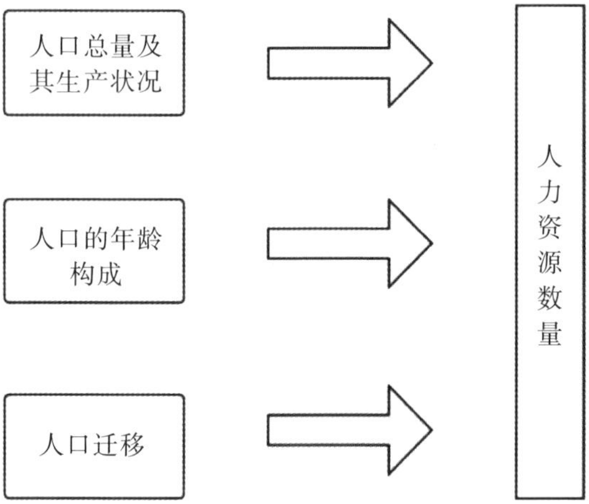

图 1-4 影响人力资源数量的因素

(1)人口总量及其生产状况。劳动力人口的数量决定了人力资源的数量,而作为人口总量一部分的劳动力人口数量,自然受到人口总量的影响,而人口经过再生产会发生人口数量的变化,这显然也影响着劳动力人口的变化,因此,人口总量及其生产状况决定了人力资源的数量。

(2)人口的年龄构成。并不是人口有多少就有多少数量的人力资源,前面也提到,各国都有关于劳动年龄的划分,虽然存在特殊情况,但不可否认,劳动适龄人口才是人力资源的主体,因此,人口总量一定的情况下,劳动适龄人口越多,人力资源的数量也就越多。因此,人力资源的数量在一定程度上受到了人口年龄构成的影响。

(3)人口迁移。从人类产生以来,就出现了人口迁移。尤其是在当今全球化的时代,交通发达便捷,为人口的迁移提供了便利的条件。伴随人口迁移而来的就是人口数量的变化,继而会影响人力资源数量的变化,当然,这种影响只是针对迁出地和迁入地的,总体上的人力资源数量是不变的。

（二）人力资源质量

1. 人力资源质量的含义

人力资源质量是指人力资源的素质，是人力资源在质上的规定性。具体来说，人力资源质量主要是指人力资源所具有的体质、智力、知识和技能水平以及劳动态度，其通过劳动者的体质、文化、专业技术水平及劳动积极性体现出来。

2. 影响人力资源质量的因素

影响人力资源质量的因素也有三个方面，如图 1-5 所示。

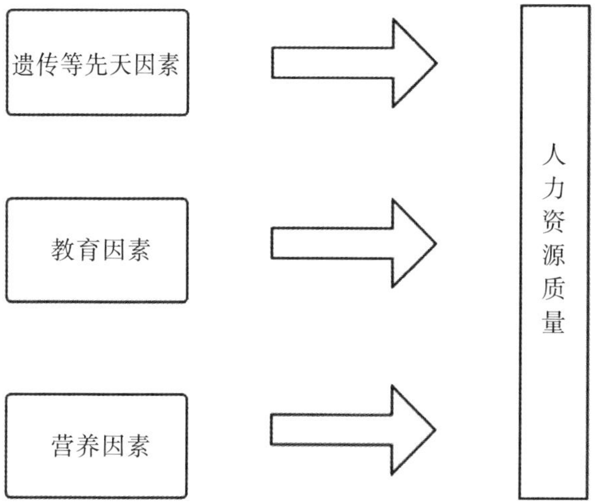

图 1-5　影响人力资源质量的因素

（1）遗传等先天因素。对于人类来说，一出生就会具备父母体质和智能的特征，这就是遗传在起作用。人口代系间遗传基因的保持，使这种体质和智能的继承性得以实现，在此基础上，人类还通过变异，不断发展进化。虽然遗传这种先天因素对每个人的影响是很大的，但是人和人之间先天性上的体质和智力水平差异并不大，而通过后天各种因素的影响，这种差异进一步缩小或者拉大。

（2）教育因素。教育是人类社会所特有的现象，是人有目的地、有意识地传授知识和经验的活动。通过接受教育，一个人会获得知识上的丰富、技能上的提高，乃至劳动能力的提升。可以说，人力资源质量的提高，教育是非常重要而且直接的手段。通过接受教育，人力资源的整体素质会获得提高，这也是当今国家注重国民教育、企业注重员工培训的重要原因。

（3）营养因素。人体要想健康成长，离不开科学的营养补充，营养不仅会对人的体质产生重要影响，还会影响其智力水平。身体是革命的本钱，只有具备健康的身体，才能正常开展学习、工作和生活，也才能具备成为合格劳动力的前提。因此，要重视营养的均衡充足摄入，这样才能使人力资源保持一定的质量。

（三）两者的关系

人力资源的数量和质量两者之间的关系是非常密切的。两者之间的关系见图 1-6。

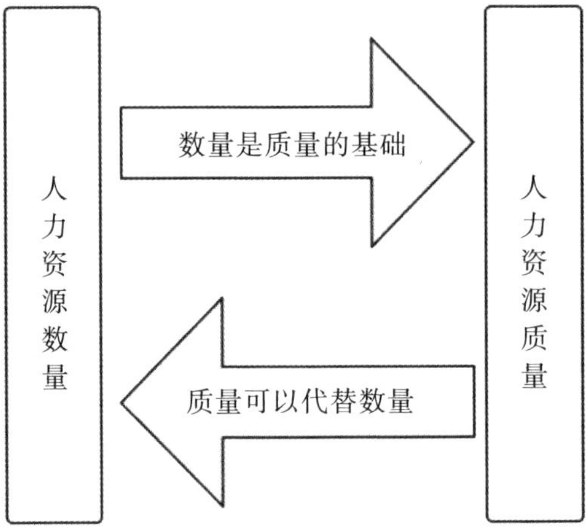

图 1-6　人力资源数量与质量的关系

（1）人力资源的数量是人力资源的基础。只有具备一定数量的人口，才能有一定的人力资源，同样，只有先具备一定数量的人力资源，才能有具备一定质量的人力资源。没有人力资源的数量，人力资源的质量也就无从说起。一个国家只有具备较多数量的人力资源，也才可能有较多高质量的人力资源。

（2）人力资源的质量在一定程度上可以替代人力资源的数量。人力资源数量的多少并不决定人力资源素质的高低，而一个国家或地区的人力资源优势也不是由人力资源数量决定的，人力资源质量的高低才是决定人力资源优劣的关键。高质量的人力资源是促进一个国家经济和社会发展的重要力量,一个国家或者地区即便拥有数量较多的人力资源,但是如果质量都不高,也难以赶上拥有数量少但质量高的人力资源的一个国家或地区的发展。从这层意义上来说,人力资源的质量可以代替人力资源的数量。

四、人力资源的作用

彼得·德鲁克是著名的管理学大师,他曾说过:“企业只有一项真正的资源:人。”一句话道出了人力资源对一个企业的重要作用。也正是人力资源独特的内涵和特征,决定了人力资源的巨大作用。具体来说,人力资源的作用主要体现在以下方面。

(一)人力资源是最重要的资源

组织是由人组成的,没有了人,组织就没有了存在的基础。组织要想发展只有依靠人的劳动。而劳动能力就是人的价值最主要的体现。一个身体健康、具有职业能力和创新精神,能够主动积极参与工作,并能认同企业文化的人是企业最重要的资源。企业要发展,必须重视员工的职业能力和整体素质,更要重视人本身,企业采取各种激励措施鼓励员工不断提高自身水平,并使其为企业努力奋斗,就是适应市场竞争的重要根本要求。人力资源作为一种独特的资源,有着自己的意识和思想,具有能动性。人力资源的这种能动性对企业的影响是双重的,如果这种能动性是正向的,人力资源就会积极主动的工作,如果能动性是负向的,则人力资源则会消极被动,会对企业的发展带来巨大的灾难。因此,企业要认识到人力资源的重要性,不断调动人力资源的积极性,引导人力资源充分发挥其价值。每个企业都有自己的环境和文化,每个企业的人力资源都在这种环境和文化中成长起来,会形成相应的品质和价值观念。企业要想实现自己的目标,需要树立正确的价值观念,并统一人力资源的价值观念,形成良好的企业文化,让人力资源为企业的发展贡献力量,并为社会创造效益。

(二)人力资源是战略性资源

一个企业的生存和发展受到人力资源管理的影响。当今社会已经成为知识经济和信息时代,人类的智力发展逐渐取代以往的财物资源和体力劳动，成为社会经济发展的主要依赖。计算机技术、人工智能等高科技的快速发展及应用，越来越确定地告诉我们，21 世纪最重要的是人才，尤其是创新型人才，已经成为最重要的、具有战略意义的资源。人力资源具有开发的持续性，具有巨大的质量提升空间，这是其他任何生产要素都无法比拟的。企业的核心竞争力在于企业的知识与技能，而人力资源能够学习这种知识与技能，并对其不断更新和完善，并同组织的人员密切协同，发挥自己的高使用价值。企业要创造良好的工作环境，搞好团队建设，合理调配资源，采取诸多的激励手段，鼓励员工发挥出自己的最大能量，实现自己的发展目标。

（三）人力资源是利润的创造源泉

商品价值有转移价值和附加价值之分。转移价值是指生产要素在构成商品的过程中将其原值转移到商品中的价值中，它不会增加价值，也因此不会产生利润。而是商品价值与转移价值的差额部分，它是由劳动创造的，是利润的真正来源。企业要想获得较大的利润，就需要商品具有高的附加价值，这就必须依赖人力资源的质量和结构。各种资源都是有限的，企业都在探索如何用最少的资源获取最大的经济效益，而充分发挥具有低投入、高产出特征的人力资源的作用，已经成为企业的共识。

第二节　人力资源管理概述

一、人力资源管理的概念和特征

（一）人力资源管理的概念

1954 年，管理学大师彼得·德鲁克提出了人力资源的概念，之后就出现了人力资源管理。国内外学者也对人力资源管理的概念从不同角度进行了解释，主要如表 1-1 所示。

表 1-1　国内外对人力资源管理概念的不同阐释

角度	具体阐释
人力资源管理的目的	人力资源管理是借助对人力资源的管理来实现组织目标的活动
人力资源管理的过程或承担的职能	人力资源管理是一个活动过程
人力资源管理的实体	人力资源管理是与人有关的制度、政策
人力资源管理的主体	人力资源管理是人力资源部门或人力资源管理者的工作
综合人力资源管理的目的、过程等方面	人力资源管理是对人力资源的取得、开发、保持和利用等方面所进行的计划、组织、指挥和控制的活动，是通过协调社会劳动组织中的人与事的关系，来充分开发人力资源、挖掘人的潜力、调动人的积极性、提高工作效率、实现组织目标的理论、方法、工具与技术

综合国内外学者对人力资源管理的阐述，可以将人力资源管理定义为企业通过各种政策、制度和管理实践，以吸引、保留、激励和开发员工，调动员工的工作积极性，充分发挥员工潜能，从而促进组织目标实现的管理活动。一般来说，人力资源管理分为宏观意义上的政府对社会人力资源的开发与管理的过程和微观意义上的企业的人力资源管理。

（二）人力资源管理的特征

与物质性资源管理相比，人力资源管理主要具有如下特征。

1. 人力资源管理从学科的角度讲，具有明显的综合性

信息管理、财务管理往往涉及的是本学科体系的知识，而人力资源管理则涉及经济学、社会学、心理学、管理学等多学科，需要借助这些学科的基本理论和相关成果来发展自身的学科理论。

2. 人力资源管理活动具有复杂性

人力资源管理活动是人与人之间的交互活动。管理对象的主观能动性，以及人与人之间情感，利益关系的复杂性，使得人力资源管理活动呈现出复杂性。在人力资源管理活动中往往要求管理者不能简单地站在组织一方的角度思考问题，而需要站在管理对象的角度思考问题，

注意听取管理对象的意见，强化与管理对象的互动，不能用简单的方法处理人力资源管理问题。

3. 人力资源管理具有文化性

不同的文化追求会导致组织人力资源管理方式方法的差异性。无论是宏观角度，还是微观角度的人力资源管理，都具有特定的文化取向和人才观念。比如，一些单位特别强调组织的和谐氛围，一些单位特别强调人的能力素质作用，一些单位特别注重分配的公平性，一些单位则特别注重分配的激励性，这些不同的价值观的背后则是这个组织文化特征的差异。因而，不同文化特征的组织，在人力资源管理理念、制度构建和操作上也会表现出一定的差异性。

4. 人力资源管理具有发展性

从传统的人事管理发展到以战略为核心的现代人力资源管理，管理的理念和方法不断在变革之中，人在劳动中的地位越来越得到肯定，有效管理人、充分发挥人的积极性的方式方法也在不断变化发展。如就如何评价人而言，传统的是“目测”“口试”，随着人才测评技术的不断发展，逐步发展出人才测评的新方法、新技术。因而，需要人力资源管理从业人员不断学习，提升自己的专业技能水平。

二、人力资源管理的任务和功能

（一）人力资源管理的任务

为有效发挥人力资源管理对组织可能起到的重要作用，组织必须围绕自身的经营发展战略，做好人力资源战略、工作岗位分析、人力资源规划、招聘（招募与甄选）、绩效管理、薪酬管理、培训与开发、劳动关系管理等方面的工作。这些方面正是人力资源管理的专业职能模块，也是人力资源管理部门的职责模块。

1. 人力资源战略

组织的人力资源管理活动是围绕组织的使命、愿景、价值观、目标、战略而展开的，也应以此确定人力资源战略。人力资源战略决定了一个组织需要一支怎样的人力资源队伍来帮助自己实现组织战略。

2. 工作岗位分析

确定了人力资源战略要素后，组织就需要依据自身的人力资源战略需要设计一个科学合理的组织结构。在设计完成组织结构后，组织还应该确定在每一部门中应设置哪几种职位、每种职位应该承担的主要工作职责和任务，以及从事此职位的人需具备的任职资格条件。这就是工作岗位分析所要完成的工作。

3. 人力资源规划

人力资源规划是指根据组织的战略和内部人力资源状况而制定的人员吸引或排除计划。人力资源规划主要涉及的内容包括对员工在组织内部的流动情况以及流入和流出组织的行为进行预测，根据预测的结果制订相应的人员供求平衡计划，从而恰当地满足组织的未来经营对人的需要。

4. 招聘（招募与甄选）

招聘是指组织通过招聘新员工来填补职位空缺，包括招募和甄选工作。招募所要解决的是如何获得足够数量的求职者供组织筛选的问题，而甄选则是要解决如何从求职者中挑选出适合组织需要的人的问题。

5. 绩效管理

绩效管理是人力资源管理也是整个管理和运营的中心环节。绩效管理体系是能够保证员工个人及群体的工作活动和工作行动对实现组织战略目标起到积极作用的机制。实行绩效管理，需要对组织的经营目标或战略进行细化，把重要目标和关键责任落实到每一层管理人员和普通员工身上，从而保证组织战略真正得到落实和执行。

6. 薪酬管理

薪酬就是员工为组织提供知识、技能、能力及努力等所得到的经济性报酬。薪酬体系的好坏直接影响到员工的工作积极性、工作绩效的完成度以及是否留在该组织。

薪酬管理是一个组织根据其全体员工所提供的服务来制定他们应获得的薪酬水平和支付形式。在管理过程中，企业应该对薪酬形式、构成、水平及结构、特殊员工群体的薪酬等制定具体决策。

7. 培训与开发

培训与开发是一个组织为了让员工具有完成目前或以后的工作内容应具备的知识、技能和能力，从而提高员工在目前或以后职位上的工作绩效而进行的一系列有计划性的连续性活动。

8. 劳动关系管理

劳动关系管理的目的主要是通过促进组织和员工之间的关系和谐从而实现组织目标和长期发展。

（二）人力资源管理的功能

从本质上来看，人力资源管理的功能和职能并不相同，人力资源管理的职能是它所要承担或履行的一系列活动，例如人力资源规划、职位分析、招聘录用等；而人力资源管理的功能是指它自身应该具备或发挥的作用，具有一定的独立性，它的功能是通过职能来实现的。人力资源管理的功能体现在以下五个方面。

1. 获取

进行人力资源管理首先要做的就是获取人力资源。获取这一功能的实现过程为，依据组织目标来制定组织的工作要求和人数等，通过工作分析、人力资源规划、招聘和录用等环节，选拔与目标职位相匹配的任职者的过程。

2. 维持

维持功能主要体现在建立并维持有效的工作关系。通过进行薪酬、考核和晋升等管理活动，保持企业员工工作的有效性和积极性，维持安全健康的工作环境，从而提升员工对企业的满意度，进而使员工能够安心、满意地投入工作。

3. 整合

整合功能表现在企业可以借助培训教育等手段，实现员工的组织社会化。整合的目的是使员工形成与组织一致的价值取向和文化理念，并使员工逐步成为组织人。具体体现为新员工上岗引导，以及企业文化和价值观的培训。

4. 开发

开发是提高员工能力的重要手段。通过组织内部的一系列管理活动，培养和提高员工的技能和素质，以增强员工的工作能力，并充分发挥员工的潜能，最大限度地实现其个人的价值，使人力资源对组织的发展做出贡献，以达到个人与组织共同发展的目的。

5. 调控

调控功能主要是企业对员工进行公平、合理的动态管理中，对员工的工作表现、潜能和工作绩效进行评估和考核，从而为企业做出人力资源奖惩、升降和去留等决策提供依据。具体表现为晋升、调动、工作轮换、离退休和解雇等。

三、人力资源管理的理论基础

人力资源管理的理论基础是人力资源管理的科学依据，它为人力资源管理的理论研究和实践活动提供相应的科学理论指导。现代人力资源管理主要受到以下理论的明显影响。

（一）人力资本理论

人力资本是人们以某种代价获得并能在劳动力市场上具有一种价格的能力或技能，是凝聚在劳动者身上的知识、技术、能力和健康，是对人力资源进行开发性投资所形成的可以带来财富增值的资本形式。

人力资本理论随着市场经济的不断发展，伴随知识经济和世界经济全球化的到来深化了人们对人力资源的认识。

人力资本理论凸显了人在物质生产中的决定性作用，发现了投资人力资本的价值，对人力资源管理发展为战略性人力资源管理和人力资本管理起到了重要的推动作用。

1. 人工成本观念向人力投资观念的转变

随着经济增长方式的转变，对人力投资带来的收益率超过了对一切其他形态资本的投资收益率。企业用于员工发展的费用不是简单的成本性支出,而是实现增值的投资性支出。

2. 企业和员工之间新型关系的建立

人力资本是资本化了的劳动力,具有资本增值性,而且它天然地依附于“人”,属于个人产权范畴。随着人力资本重要性的凸显,员工以人力资本为生产要素更加平等地参与到企业生产活动之中,企业与其员工的关系也不再局限于雇佣关系,更是投资合作的伙伴关系。

3. 人力资源战略性开发的重要性愈加凸显

一方面,由于凝聚在劳动者身上的知识、技术、能力和健康作为一种资本形式,能为企业带来巨大的收益,因此,企业必须通过开发性投资不断提升员工个人价值以实现企业效益的最大化;另一方面,由于人力资本的所有权和使用权具有高分离性,以及人力资本的生物性和能动性特征,企业效益实现与员工价值提升之间构成相辅相成的辩证关系。企业在对人力资源进行开发的过程中必须考虑员工个人价值和主观意愿,通过关注员工职业素质的可持续发展达到员工和企业两方面价值共同最大化的目标。

4. 股票期权和员工持股等多种激励方式的出现

人力资本的生物性特征及其在社会财富创造中的决定性作用使得人力资本持有者在利润分配中的权利得到认可,加之企业和员工之间的关系由雇佣关系向投资伙伴关系的转变,股票期权和员工持股等更为接近利益分配核心的激励方式成为可能。

(二)人性假设理论

人性假设是关于人的本质需求的相关假设,它是管理理论与实践中的重要内容,不同的人性观需要采取不同的管理方法和管理手段。美国行为科学家埃德加·沙因在前人研究的基础上对人性假设进行了总结划分,将其分为如下四种。

1. 经济人假设

经济人假设理论认为人是“经济人”或“实利人”“唯利人”,它假设人采取行为的动机是满足自己的私利，从本质上来看，就是为了获得最大化的经济利益，工作是为了获得物质上的报酬。经济人假设的核心理论主要包括如下几点。

（1）人的本性是不愿意工作的，只要有可能，人就会逃避工作。

（2）由于人的本性是不愿意工作，因此，对于大部分人来说，需要对其进行强迫、控制、指挥，才会促使他们为了组织的目标去工作。

（3）一般人宁可被别人指挥，来逃避应负的责任，很少有太大的野心，更需要安全感。

（4）人不是理性的，本质上不能自律，容易受到他人的影响，而改变自己的行为。

（5）一般人工作都是想要满足自身的生理需要和安全需要，向其提供金钱和其他物质激励才会提高他们工作的积极性。

采用经济人假设来进行人力资源管理，就会形成严密控制和监督式的管理方式，并会实行“任务管理”的措施，管理更加重视劳动生产率的高低，而忽视了人的精神方面。

2. 社会人假设

社会人又称社交人，社会人假设是由梅奥等人在霍桑实验的基础上提出来的。社会人假设理论认为，人们在工作中受到的物质激励会提高其工作积极性，但也强调人是高级的社会动物，与周围其他人的人际关系也在很大程度上影响着人的工作积极性。该假设的核心思想为，促使人们投入工作的最大动力是社会和心理需要，不是经济需要，人们工作的目的是保持良好的人际关系。社会人假设的核心理论主要包括如下几点。

（1）人们工作的主要动机是社交需求，而不是经济需要。社交需求是人类行为的基本激励因素，人际关系是形成人们身份感的基本因素。

（2）从工业革命中延续而来的机械化，使工作变得单调和丧失意义，因此必须从工作的社交关系里寻找工作的意义。

（3）与管理者所采用的奖酬和控制相比，员工更看重因工作而形成的非正式组织中的社交关系。

（4）员工对管理者的期望是归属需要、被人接受需要以及身份感需要能被满足。

霍桑实验让更多的管理学家认识到，工人生产积极性和工作效率的提高，不仅与物质因素有关，还与社会和心理因素有关。因此，管理理论的重心也由以前的“以人适应物”转向“以人为中心”，在管理中改变了过去层层控制式的管理模式，变为更加注重提高员工参与决策的积极性。

3. 自我实现人假设

自我实现人假设是根据美国心理学家马斯洛的自我实现理论提出的，它假设人性是善的，只要能充分发挥人性的优点，就可以把工作做好。这种理论假设认为，人都有自我激励与自我实现的要求，人工作的主要动机是自我实现。

自我实现人假设的核心理论主要包括如下几点。

（1）人的动机是由多种动机构成的一个层次系统，包括低级动机和高级动机，最终目的是满足自我实现的需要。

（2）人们想要在工作上有一定的成就，从而实现自治和独立，发展自己的能力和技术，以便适应环境。

（3）人们能进行自我激励和控制，外部的激励和控制会对人构成威胁，从而产生不良影响。

在自我实现人假设理论下，管理者的主要内容是寻找什么工作对什么人最具有挑战性，最容易满足人们自我实现的需求。人有自动的、自治的工作特性，因此制定的管理制度应该能够保证员工充分发挥他们自身的才华、积极性和创造性，强调上层管理者应该下放部分权力，从而建立起决策参与制度、提案制度、劳资会议制度，将员工个人的需要与组织的目标融合起来。

4. 复杂人假设

复杂人假设是美国薛恩教授等人在 20 世纪 70 年代初提出的，他们认为，无论是经济人假设、社会人假设，还是自我实现人假设，都有其合理的一面，但都不适用于一切人。复杂人假设认为：人是复杂的，不能简单地归结为某种类型。一方面，个性因人而异，价值取向也是多种多样的，没有同意的追求；另一方面，同一个人会因环境、条件的不断变化而产生多种多样的需要，各种需要互相结合，形成了动机和行为的多样性。所以复杂人假设并不是指单纯的某一种人，而是掺杂着善与恶的一种人性。复杂人假设的核心理论主要包括如下几点。

（1）人的工作动机不但复杂，而且变动很大。每个人都有许多不同的需要，人的动机结构不仅因人而异，而且同一个人的动机也会因时而异。

（2）一个人在组织中可以昌盛新的需求和动机，他在组织中表现的动机模式是他原来的动机与组织经验交互的结果。

（3）人在不同的组织和团体中会产生不同的动机模式。在正式组织中不能与别人融合相处的人，在非正式组织中可能会很好地融入进去，从而满足自身的社交需求。在某些复杂的组织中，不同的部门应该采取不同的动机模式来实现其目标。

（4）一个人是否有很大的满足感，是否愿意为组织尽力，与他本身的动机结构和他与组织的关系有关，工作性质、本人的工作能力和技术水平、动机的强弱、人际关系的好坏都可能产生影响。

（5）人们可以利用自己的动机、能力及工作性质对不同的管理方式采取不同的反应，因而并没有一种适合任何时代、任何人的管理方式。

人性假设理论的核心是从管理者的角度看待被管理者在工作中的特点，或者说员工在管理活动中表现的人性特征问题。

管理者以他们对人性的假设为依据，然后用不同的方式来组织、领导、控制、激励人们。接受一种人性假设的管理人员会用一种方式来管理，而接受另一种人性假设的管理人员会趋向用另一种方式来管理。例如，有的管理人员认为人不会自主地去努力工作，持这种观点的管理人员会采用严格的控制手段进行管理，以确保员工能够按时上班，并在其监管下工作。有的管理人员认为人会自主地去努力工作，持这种观点的管理人员会更加重视在组织内贯彻民主与参与管理制度，鼓励职工自我约束，自我管理，而不是对他们实行严密的监控。

随着社会的发展，不同的组织和管理者的人性观价值观念的差异，所持的人性假设也会表现出一定的差异，但不可否认的是，每个管理者都会有自己的人性假设基础，并影响着单位的人力资源管理制度和实施效果。

（三）激励理论

激励是通过一定的刺激以满足被激励者的需要，从而达到增强其内在行为动力的过程。也就是通过一定的刺激使管理对象产生行为积极性的过程。

1. 激励理论的主要内容

西方的激励理论主要包括内容型激励理论和过程型激励理论。

内容型激励理论集中研究什么样的因素能够引起人们的动机和行为，也就是研究管理者应该使用什么因素来激励被管理者，以促使其产生积极的行为动机。内容型激励理论的典型代表有马斯洛的需要层次理论、阿德佛的生存—关系—成长理论、麦克利兰的成就需要理论、赫茨伯格（F.Herberg）的双因素理论。

过程型激励理论试图解释和描述动机和行为的产生、发展、持续及终止的全过程，它可以清楚地告诉人们为什么员工在完成工作目标时选择某种行为方式，而不是其他行为方式。典型的过程型激励理论包括亚当斯（J.S.Adams）的公平理论、布鲁姆（Voom）提出后经波特尔（Porter）和劳勒（Lawer）发展的期望理论。

2. 激励理论对人力资源管理的影响

人力资源管理十分重要的任务是充分调动管理对象的工作积极性，提高能力素质，以便更好地完成工作任务要求。而用什么东西来调动工作积极性？如何来调动管理对象的工作积极性？激励理论提供了非常丰富的内容。

激励理论可以很好地指导对管理对象的绩效管理，促进管理对象更好地提高工作绩效；在薪酬管理中，更好地发挥薪酬的激励功能；在培训中，更好地激发培训对象学习动机，增进培训效果。可以说，激励理论为有效解决人力资源的行为动力问题提供了坚实的理论支撑。

20 世纪末，世界经济环境发生了重大变革。这种变革不仅使组织处于一个更加激烈的竞争环境中，也使人力资源管理面临着巨大挑战。人力资源管理工作如何支持组织战略目标的实现，如何保证组织在快速变化的环境中不断发展并具有持续的竞争优势，这成为组织人力资源管理面临的新问题。

第三节 企业人力资源管理面临的形势与挑战

21 世纪,人力资源管理在迎来了诸多机遇的同时,也面临着严峻的挑战。劳动力由过剩转向短缺,国家劳动法规的要求,这都为劳资关系和人力资源管理的转型带来了机遇。在人力资源管理的领导在思考如何好好把握这千载难逢的机会时,外部环境也在不断地挑战、重构现在的局面,人力资源管理面临以下的形势与挑战。

(1)科技革命与知识社会。美国未来学家托夫勒认为,随着社会的发展,知识的更新速度加快,世界上的知识以成倍的速度增加。在现代社会,每一个人都将面临:知识和技能的过时,大量的未知的知识,适应新知识和技术,知识和技术的不断更新,终身教育等。

(2)信息社会中劳动与职业的变化。科学技术的发展将人类带入了信息社会。传统的和狭隘的职业培训已不能适应当今社会,要想跟上时代,不被淘汰只能拥有扎实的基础和强大的适应能力。

(3)人口增长和变化。目前大多数国家都面临着人口增长的问题,而且随着老龄人口的增加,都面临着人口老龄化以及劳动力短缺的问题。这些都对人力资源的开发提出了新的要求,使人力资源开发与培训的任务变得十分艰巨。

(4)经济对人力资源开发的挑战。近年来,人们已经深刻认识到了教育、人力资源开发与经济的相互作用。经济状况也会影响到人力资源开发的前景,这也成为人们的共识。

(5)互联网成为一种新的生活方式。互联网的广泛应用迅速缩短了客户、员工与公司之间的距离,这就使组织结构向扁平化、平台化方向发展,使管理向去行政化、去职能化、去中心化等方向发展,这都会向组织和人力资源管理提出新的挑战。

(6)顾客个性化的需求。这从根本上改变了工业化时代一味追求规模和效率的局面,使得中国传统制造业产生了“集体焦虑”。目前,企业收到的订单批量正变得越来越小,客户的要求也不断提高,折旧要求企业具备细分市场,向客户提供更优质的产品和服务以及快速响应的能力。企业在生产过程中以客户为中心，这实际上也是要求每个部门都以客户为中心，一方面，要减少业务部门的工作要求，免去繁杂的职能和流程，让员工能够更加自如、专注地开展业务，从而提升为客户创造的价值；另一方面，要在客户的导向下，急业务部门所急，想业务部门所想。

（7）新生代员工的价值观。新生代员工的生长环境与以往大不相同，他们在工作中更注重自我成就，工作、生活平衡，漠视权威，要求平等、参与、分享，以及自主、掌控、存在感。对新生代员工进行管理的过程中，应该从本质上调整管理工作的内容，由原来的计划、组织、领导、控制职能转变为教练、授权、协调、激励等职能。

针对人力资源开发面临的挑战与困难，提出以下对策与建议：积极构建学习型社会。随着工作的日益复杂，许多工作方式改变，人们如果不能适应知识经济时代的要求，不断地更新和丰富自己的知识结构，就可能成为社会发展的负担，产生结构性问题。在这种形势下，构建学习型社会，推动终身学习已成为社会和经济发展的必然趋势和必然选择。增强学员的学习力，是培养人全面发展的智慧宝库，学生具备了较强的自我教育能力，能自觉地丰富和完善自己。在知识经济年代，知识的更新速度加快，社会变化纷繁复杂，科技发展日新月异，社会发展不断对人才提出新的要求。赋予持续教育、职业教育与普通学历证书同等地位，增强吸引力。针对我国目前就业人口的低学历、低技能问题，必须赋予持续教育与普通学历证书同等地位，课程可相互衔接，以便大大增强持续教育的吸引力。利用互联网思维来分析组织设计，检查其灵活性、弹性以及对客户的响应速度；利用个性化观念来分析职能流程，检查其是否能够约束资源，是否会增加成本；利用新生代员工的价值观来审视员工管理，检查其是否管理过度，能否让员工体验到工作的意义和乐趣。①

① 张效珲．现代企业人力资源管理的创新与发展[J].人力资源管理，2018，000(011):11.

第四节　企业人力资源管理的新发展

随着商业环境进一步的发展，人力资源管理也在不断变革和创新。人力资源管理的新发展主要体现在以下方面。

一、战术向战略发展

现代人力资源管理早就不仅仅是由企业的人力资源部门来负责了。应该这么说，现代企业的高层管理者也必须担负起企业人力资源管理的责任，关注各种政策。人力资源部也慢慢从术走到了道，也就是不再局限于战术而是上升到战略层面上了。不少大型企业早已认识到，人力资源管理是针对组织中最重要的资源展开的，通过所管理的人与其他管理职能互动，在实现组织整体目标的过程中起着重要作用。所以人力资源管理者逐渐从作业性、行政性的事务中解放出来，转变为关系组织发展和管理者能力提升的战略角色。这种人力资源部规模更小，权利更大，核心任务是通过人来实现战略目标。

而在执行层面中，更多的是配合 CEO 和业务团队，根据战略价值和预期得到的价值，评估、诊断和发展组织。

现在很多企业都会把人力资源纳入人才战略研究的过程当中，从而使得人力资源管理在更高的层次上得到不断地发展，更趋于强调战略问题，强调如何使得人力资源管理为实现目标做更大的贡献。

二、以人为本，“能本管理”

人力资源管理随着社会和时代的发展也在不断变化，出现了一些新的管理理论。而传统的管理理论已经难以满足现代化人力资源管理的需求。比较明显的一点就是对人的认识的变化，尤其是当今社会，人的地位越来越重要，在人力资源管理中，对人的因素也更为注重。现在都提倡“以人为本”，就是强调一切目的都要为人的发展服务，从人的需要出发。随着人的地位的提升，人所具有的知识、技能和实践创新能力，也在管理工作中受到重视，这也就是“能本管理”的内容。现代企业重视以人为本，“能本管理”，就是尊重人性和规律，充分发挥人的能力，实现企业的目标。[①]

三、注重创造性激发

企业在复杂的内外部环境中产生、生存与发展，内外部环境的变化影响着企业的生死存亡。企业要想持续发展，必须不断创新变革，以适应不断变化的环境，满足不断更新的需求。可以说，创新是企业的生命线，关系着企业的生死存亡。现代企业都深深地认识到了这一点，因此将激发人力资源的创造性作为人力资源管理的重要工作。企业要通过人力资源管理，将企业的发展战略潜移默化地传递给员工，并采取各种措施，激发员工劳动的积极性以及创新性，从而充分发挥员工的潜能，为企业的永续发展提供人力资源。

四、全面薪酬的发展

“80后”“90后”成为职场主力，不少“00后”也冲入了职场，员工需求更加多样化，仅靠外在薪酬激励手段已不能吸引和留住员工。公司向员工提供的薪酬应包括“外在”和“内在”两方面，这两方面共同构成了“全面薪酬”。“外在”薪酬指的是公司向受聘者提供的可量化的货币性价值。例如，基本工资、奖金等短期激励薪酬，股票期权等长期激励薪酬，失业保险金、医疗保险等货币性的福利，以及公司支付的其他各种货币性的开支，如住房津贴、俱乐部成员卡，等等。“内在”薪酬指的是公司向受聘者提供的不能被量化的奖励性价值。例如，对工作的满意度、为完成工作而提供的各种工具、培训机会、舒适的工作环境以及公司对个人的表彰，等等。

外在薪酬与内在薪酬两者在人资源管理中具有不同的功能，二者互相补充，缺一不可。在以往计划经济体制下，若仅强调精神方面的鼓励

---

① 罗琴．论新经济时代企业人力资源管理的创新与发展趋势[J]．现代经济信息，2019(13)．

而忽视物质方面的报酬，这会打击员工的工作积极性。改革开放以来的市场经济体制下，若仅注重物质方面的报酬而忽视精神方面的鼓励，从长期发展的角度来看，都是有问题的。内在激励和外在激励共同结合，既重视物质也重视精神。

五、人力资本特性突出

随着社会的发展，如今已进入了知识经济时代，知识、信息等成为企业非常重要的资源，这些都属于人力资本，而这些资源发挥作用需要依靠人力，因而更加突显人力资源的关键性。企业人力资源管理的目标，就是注重人的发展，为人创造适宜的工作环境，为员工提供接受培训的机会，不断提升人力资源的综合素质，以便实现企业目标与个人价值的统一。因此，对于现代企业来说，人力资本的特性十分突出。

六、外包趋势日益明显

为了保持对高速发展的外部环境的适应性，很多组织内部的结构和业务模式也在发生变化，为了使得组织能够维持较为明快有效的系统和程序，就出现了很多职位外包的现象。目前比较常见的有两种外包形式，第一种是组织内部保留核心职位，而将一部分基础性工作向社会化的企业管理服务网络转移，比如社保公积金代理、客服等；而第二种外包是指将一些开创性工作交给咨询公司，而不单独聘用一个团队来做，比如战略咨询、人力资源咨询等，这也叫利用外脑来完成工作。他们通常具有企业本身不具备的知识和技能，但是可能是个短期行为，长期聘请这样一个团队也不划算。

人力资源外包的实质就是降低管理成本，寻求长久的竞争优势，以达到有效适应外部持续的能力。

七、细化程度越来越高

随着中国人工红利的结束，每个公司里面的人力成本越来越高，很多公司开始想的是如何用较少的人工完成最大能量的工作。这就表明原本粗放式的管理已经落伍了，对于为数不多的员工要做到精细化管控，让其在岗位上产生最大的效能。

所以人才和企业间仅仅靠一份劳动合同作为契约是远远不够的。签订劳动合同，一方面要依据劳动法规、市场法则确定员工与企业各自享有的权力，双方的义务和利益关系。另一方面也要重视员工的心灵建设，共同建立起美好的可共同实现的未来，允许员工在自己的岗位上实现自我实现；同时企业要关注员工对组织的心理期待与组织对员工的心理期待之间的“默契”值。共同的目标、相似的价值观以及心理上的相互感激，是比薪酬、合同都更加牢靠的纽带。

八、全球化和信息化

随着科学技术与交通运输的飞速发展，全球化不断深入，企业之间的竞争已经超越国家的界限，成为国际竞争。这就意味着各种资源在世界范围内进行配置，这为企业的管理，尤其是人力资源管理增加了难度，成为现代企业人力资源管理研究多的重要课题。同时，信息化时代的到来，为人类资源管理带来了便利，也带来了挑战，现代企业人力资源管理要抓住时代机遇，推动信息化技术的应用，提高人力资源管理效率，使企业在国际市场上立于不败之地。

第二章

现代企业人力资源管理规划

人力资源管理规划是做好人力资源管理的重要内容，是做好人力资源管理的基础和前提。只有掌握企业人力资源的供给与需求，并科学制定企业的人力资源管理规划，才能保障人力资源的合理高效开发与利用，才能为企业的发展奠定良好的基础。

第一节　人力资源管理的基础工作

对人力资源进行管理，需要做一些基础性的工作，主要涉及了解企业的组织状况、进行工作分析，并制定人力资源管理规划。

一、了解组织状况

任何组织都有自己的目标，并通过各种活动实现这一目标。企业是一个组织，其目标实现的前提就是机构的正常运转，因此了解企业的组织机构状况是非常重要的，它是促进企业发展的前提，也是进行人力资源管理的基础工作之一。

（一）组织设计

1. 组织设计的内涵

一个组织必须有自己的结构，其内部还有着各种相互关系的存在，而组织设计就是对组织结构的建立与内部各关系的明确。要了解组织的结构状况，首先需要对组织设计的一般理论有清晰的认识。

组织设计是一个进行分工和建立系统的过程，通过组织设计是组织的各个部分之间协调配合，它不仅包括组织结构的设计，还涉及各种制度、工作流程、部门设置、岗位职责等多个内容。其目的就是通过建立组织，根据外界的要求，配置各方面的资源，协调部门及人员之间的关系，保证组织的正常运转以及组织目标的实现。组织设计并不是简简单单就能完成的，因为它面对的是复杂多变的管理对象和有限的个人能力。因此组织设计具有重要的意义。其意义主要有：明确各部门的职责和权限，促进部门之间的协同协作；及时快速地服务客户和市场，支撑组织战略的实现；根据环境变化及时有效做出反应，保证企业的可持续发展；使领导和员工各司其职，各自做好本职工作，发挥自我价值。[①]

2. 组织设计的原则

组织设计并不简单，必须按照一定的原则进行，才能保证建立的组织科学和高效。

组织设计的原则有以下几个。

（1）战略导向原则。

（2）专业分工与协作原则。

（3）统一指挥原则。

（4）集权分权相结合原则。

（5）责权利对等原则。

（6）有效管理幅度原则。

（7）资源约束原则。

组织设计原则具体要求如图 2-1 所示。

① 齐义山，谢丽丽．人力资源管理[M]．西安：西安电子科技大学出版社，2017.

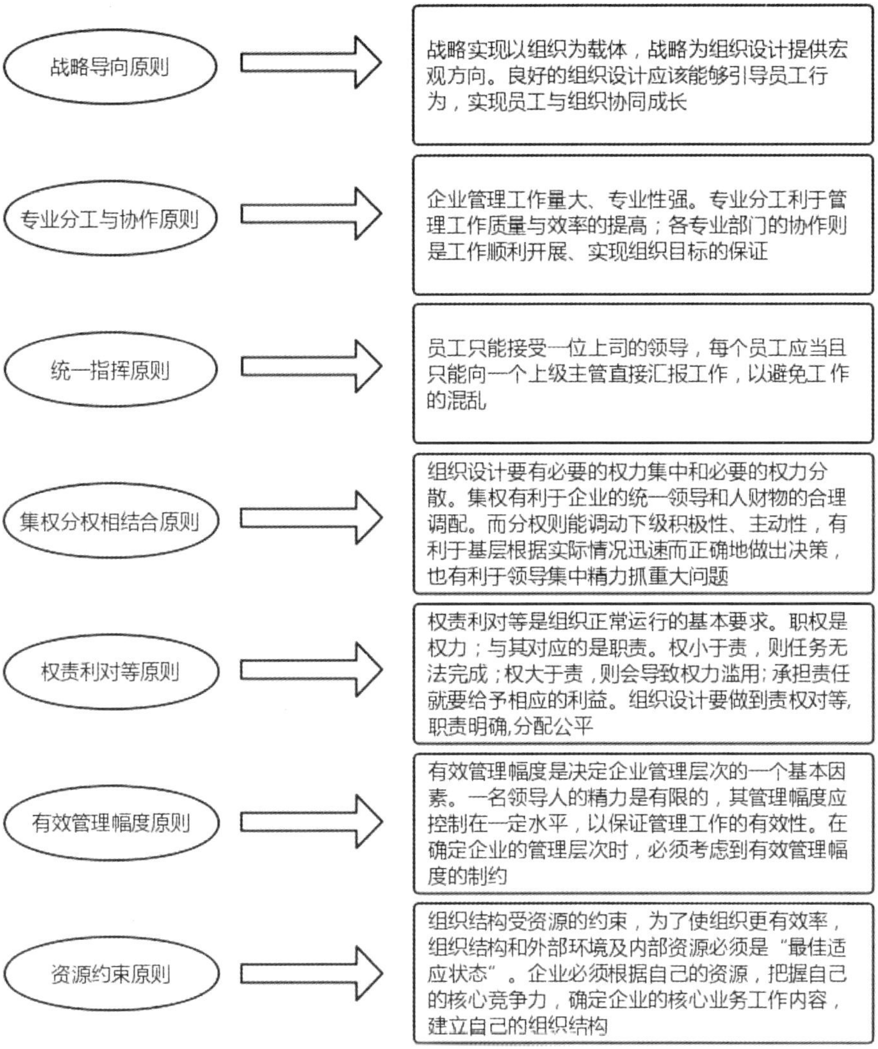

图 2-1　组织设计的原则

（二）组织结构

组织结构是组织内部各单位之间关系、界限、职权和责任的沟通框架，是组织内部分工协作的基本形式。组织结构是组织设计的关键，也是了解企业的重要内容。只有对企业的组织结构有清晰的认识，才有利于人力资源管理工作的开展。

企业的组织结构有图 2-2 中的几种形式。

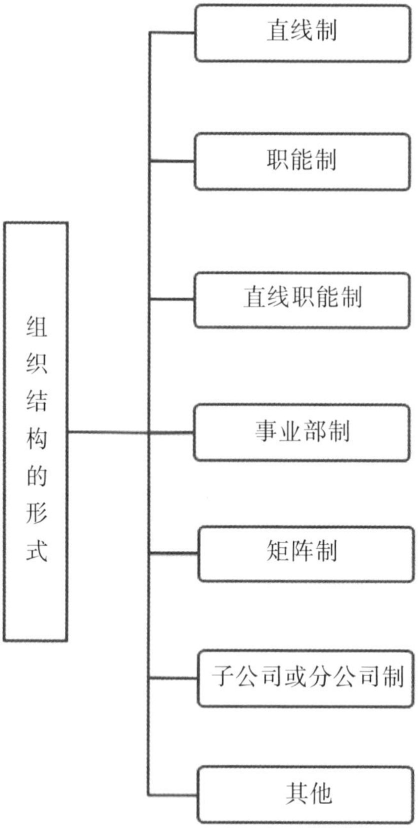

图 2-2　组织结构的形式

1. 直线制

直线制的组织结构形式是最简单的集权式组织结构形式，没有专门职能机构的设立，领导关系都是按垂直系统建立的自上而下的领导与被领导的关系。由于这种领导关系与军队中的类似，因此又称为军队式结构。

直线制组织结构形式的优点：结构简单，因此管理方面的花费少。而且领导的命令容易传达，且比较统一，便于明确责任、迅速决策，领导指挥起来也比较灵活。由于上下级关系比较清楚，也利于纪律和秩序的维持。在直线制组织结构形式中，信息沟通比较顺畅快速，能够及时有效地解决出现的问题，具有较高的管理效率。

由于结构简单，直线制组织结构管理工作显得粗放，内部之间缺乏横向联系，且比较依赖少数领导，对领导的能力要求比较高，这是直线制组织结构形式的缺点。也正因此，其适用范围较小，主要被规模较小或业务活动简单的企业采用。

2. 职能制

职能制是指根据职能对部门进行划分并设置的组织结构。现代企业中的许多活动都具有专业性，有着各自所要求的工作方法和技能，因此在组织中按照职能进行部门划分，具有一定的合理性，并且对于工作效率的提高很有好处。

职能制组织结构形式的优点：各个部门有着专门的任务，便于人力和物力资源的合理配置，避免了浪费情况的出现；专业的人员在专业的部门从事专业的事情，便于充分发挥职能专长；各项职能获得规模经济效益在一定程度上降低了管理费用。

职能制组织结构形式的缺点：按职能划分部门，容易出现多头领导的情况，员工不知听谁领导，无所适从；顾客需要变化迅速，职能制组织机构难以满足；部门之间目标和要求不同，协调沟通不畅；职能部门人员在自己专业深耕细作，难以获得全面发展，对全面的管理人才的培养不利。

职能制组织结构形式适用于相对稳定的市场环境中的产品类型较少的企业。

3. 直线职能制

顾名思义，直线职能制是直线制和职能制的结合。它融合了直线制的领导设置，又设置有专门的职能部门，既有领导的统一指挥，也有职能部门的参与和指导。直线职能制下，最高管理人员垂直领导业务和职能部门，直线管理人员可以指挥和命令直接下属；职能部门领导充当最高管理人员的参谋和助手，可以对业务部门进行指导和监督，但没有领导权力。

直线职能制组织结构的优点：直线职能制既有集权，又有分权，既能统一指挥，又能专业化管理，有利于领导人的科学决策。

直线职能制组织结构的缺点：职能部门直线的横向沟通缺乏，会因工作重复导致效率较低；职能部门对直线指挥命令系统有一定的干扰；职能部门弹性较差，难以对外界环境做出及时应对；管理费用有增加的可能。

4. 事业部制

目前国外大型企业普遍采用的就是事业部制，它是现代企业组织结构形式，是1924年由美国通用汽车公司总裁提出的。事业部制是在直线职能制基础上演变而成的，也称分权制结构，其特点是以“集中决策，分散经营”为原则，在集中决策指导下进行分散经营。在这种组织结构形式下，企业会根据不同的产品或地区，设置不同的经营事业部，这些事业部接受总公司的领导，有相应的职能部门，独立核算、自负盈亏。重大方针、政策的研究和制定，人员任免、价格调整以及经营监督都由总公司负责，各个事业部有着各自的利润指标，因此受总公司控制。

事业部制组织结构的优点；最高管理层下放了权力到各事业部，有利于集中精力研究环境、制定发展规划；各事业部有了自主权，也就有了责任感，能够激发主动性和创造性，有利于企业的经营能力；各事业部具有高度专业化，有利于形成大型联合企业；各事业部有着明确的责任和权限，重视各自事业部的业绩。

事业部制组织结构的缺点：各事业部容易产生本位主义和短期行为；企业存在调剂资源与利益的矛盾，不利于人员、技术及管理方法的交流；机构设置有重叠，管理人员增加，导致管理费用增加。

事业部制组织结构多在欧美、日本等大型企业采用。

5. 矩阵制

企业按照管理职能可以设置纵向组织系统，按照规划目标可以划分横向组织系统，矩阵制就是两者的结合。因此，矩阵式具有横向和纵向双道命令系统。

矩阵制组织结构的优点：职能部门的横向联系增强，协作配合性好；在机构与人员不变的情况下，能够方便地集中不同部门的专业人员；能够从容地应对多变的管理任务。

矩阵制组织结构的缺点：复杂的组织管理以及双道命令系统，在意见不统一时易出现命令不明、责任不清的情况，而且因临时抽调人员而稳定性不足；成员是临时性的，位置不固定，难以有较强的责任心。

6. 子公司或分公司制

子公司或分公司都是与母公司相对的，虽然都受母公司的控制，但与母公司的具体关系是不同的。

子公司不是母公司的组成部分或分支机构，它在法律上是独立的法人企业，有自己的公司名称和董事会，有独立的法人财产，并以此承担有限责任，可以以自己的名义从事各种业务活动和民事诉讼活动。

分公司则是母公司的分支机构或附属机构，其财产是母公司资产的一部分。它不是独立的法人企业，因此没有自己独立的名称、章程和董事会。

7. 其他结构

除了以上六种常见的组织结构外，还存在其他形式的组织结构形式，较为常见的为委员会组织结构和网络型组织结构。

委员会组织结构是组织不同职能部门的人一同解决问题的组织结构。在这种组织结构下，不同经验、背景的人跨越职能界限处理问题。

网络型组织结构是以建立和维持契约关系为基础，依靠外部机构进行制造、销售或其他重要业务经营活动的组织结构形式，其中心机构很精干。网络型组织结构中的各经营单位之间以契约为纽带进行合作，相互之间不存在正式的资本所有关系和行政隶属关系。

二、进行工作分析

（一）工作分析概述

1. 工作分析及相关概念

（1）工作分析（Job Analysis）

工作分析也叫职位分析或者岗位分析，简言之就是对工作、职位或岗位进行分析，分析的内容包括工作责任、工作关系、工作环境、任职条件等信息，由此可知它是一种活动或者过程。在进行工作分析时，分析者要采取科学的手段与方法，由此获得的信息才是准确的，才能为组织的战略规划、人力资源管理等提供服务。

进行人力资源管理，一大基础性工作就是工作分析。通过工作分析，收集并描述记载某一职务的工作内容及有关信息，以备管理人员使用。具体来说，工作分析收集的信息主要可以总结为“6W1H”，即 What（做什么）、Why（为什么做）、Who（谁来做），When（何时做）、Where（在哪里做）、for Whom（为谁做）、How（如何做），如图 2-3 所示。

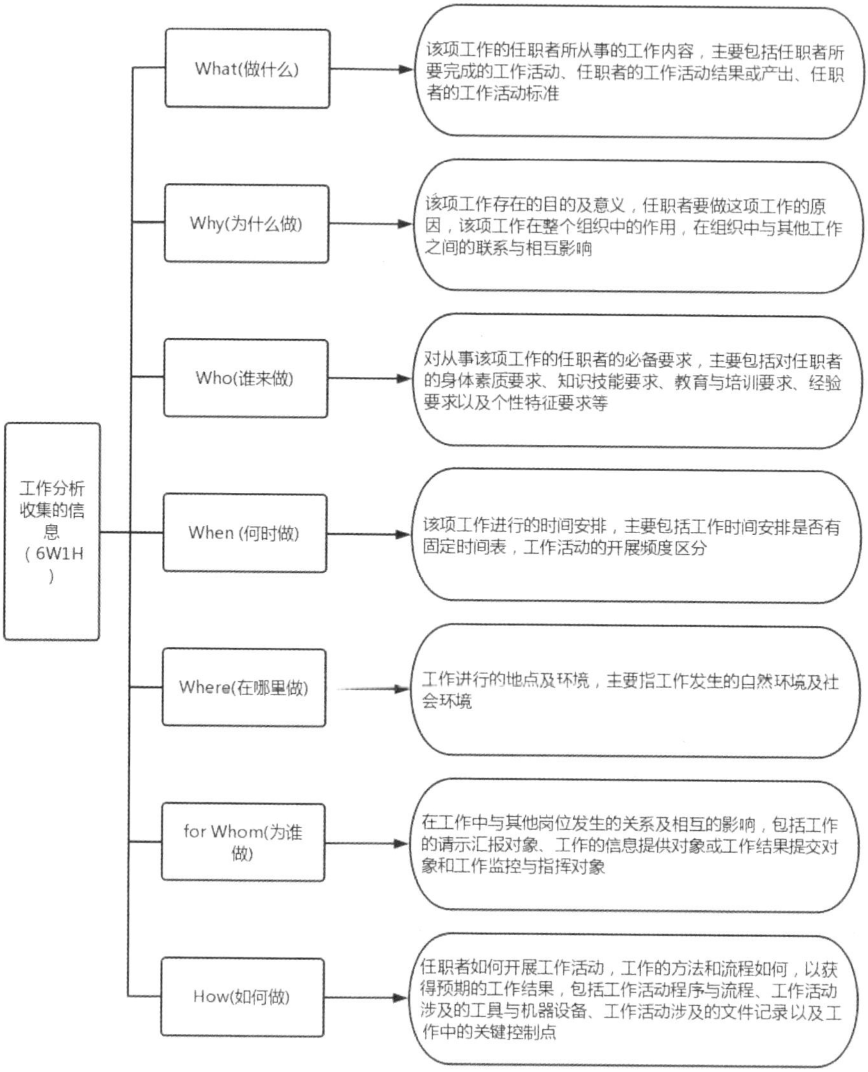

图 2-3　工作分析收集的信息（6W1H）

（2）工作要素（Job element）

工作要素是指工作中的最小单位，不可以再被分解。诸如工作人员记录的会议讲话要点就属于工作要素。

（3）任务（Task）

任务是工作要素的集合，员工为了完成目标从事一系列的工作，对这些工作的具体描述就是任务。一个任务包括诸多工作要素，如打印文件要经过打开电脑、打开打印机、找到文件、进行打印一系列活动，这也就说明打印文件这一任务包括上述四个要素。

（4）职责（Responsibility）

职责是任务的集合，一位职工的职责就是其按照组织和工作要求承担的相关任务。以公司培训专员为例，其职责包括统计新入职员工人数、确定培训的具体安排，安排领导在培训活动中讲话等任务。

（5）职权（Authority）

职权也就是权利，职工要完成一定的任务必须具备一定的权利。职权与职责联系紧密，有的时候，职责甚至等同于职权，如人力资源部经理“批准人事任命”的权力。

（6）职位（Position）

职位又称岗位，是职责的集合。一个职位就是一名任职者所担负的职责的集合。通常来说，职位与任职者是相对应的，职位有多少，任职者就有多少个。

（7）职务（Job）

职位是职责的集合，而职务则是职位的集合，但要求职位的主要职责具有相当的数量和重要性。如一个企业设置有两位副总，这两位副总的工作内容不同，但具有大致相当的重要性，所以这里的“副总”就是职务。由此也能看出，职务和任职者不是一一对应的，任职者一般要多于职务。

（8）职业（Profession）

与职务相同，职业也是职位的集合，只是对职位之间的具体关系不同。具有相似工作要求或者平行的职位的集合才称为职业。我们在日常生活中，接触的职业比较多，对此也比较熟悉，像律师、教师、会计等都是较为常见的职业。

（9）职系（Series）

职系也是职位的集合，职系中的职位是工作性质类似的职位的集合，有时也称为职种。以销售为例，同样是销售，有助理、专员、经理和总监的区分，这就是一个职系。一些职系组合起来又可以成为职群或者职组。

（10）职级（Class）

职级也是职位的集合，不过是同一个职系中的职位的集合。如中学一级数学和中学一级语文老师，他们的工作职责和任职资格相似，就属于一个职级。

（11）职等（Grade）

在不同的职系之间，具有类似工作职责、任职资格要求的所有职位的集合就是职等。同一个职等的例子有大学副教授与研究所的研究员。职等是对工作进行纵向划分，进行这种划分是有原因的，具体为不同职系间的职级数量一般不同，同样是最高职级，不同职级序列中的工作难度是不同的。

（12）工作族

两个及以上具有相似特点的工作组成了工作族。销售工作和生产工作就是两个不同的工作族。

2. 工作分析的主体、对象与时机

由谁进行工作分析，也就是工作分析的主体是谁，这个要从实际出发，根据具体的情况来确定，会受到许多因素的影响，包括进行分析的工作地点及复杂程度、任职者对外部分析人员的接受度以及分析的目的。如果只是为了一时需要进行的工作分析，可以让外部工作分析人员进行，除此之外则要配备专职的分析专家。工作分析的重要性不言而喻，不管主体是谁，都需要对人、工作和组织有全面的理解和认识。

工作分析就是对工作进行分析，因此对象就是工作，也就是组织中的岗位。作为工作分析对象的岗位涉及很广的范围，生产、服务、技术、管理岗位等都应包括在内，只有这样才能更好地为人力资源管理工作提供科学的依据和良好的服务。

组织进行工作分析要注意一定的时机，不能随意而为，否则会造成资源的浪费，只有在需要的情况下方可进行。具体来说，组织需要进行工作分析的时机主要有建立之初、书面工作说明与实际情况不符、工作性质与内容发生变化需重新确定、研究绩效考核、薪酬管理和员工培训等。

（二）工作分析的流程

如图 2–4 所示，工作分析有着一定的流程或步骤。只有严格按照流程进行，才能保证工作分析收集的信息全面、有效，才能保证工作分析目的的顺利实现。

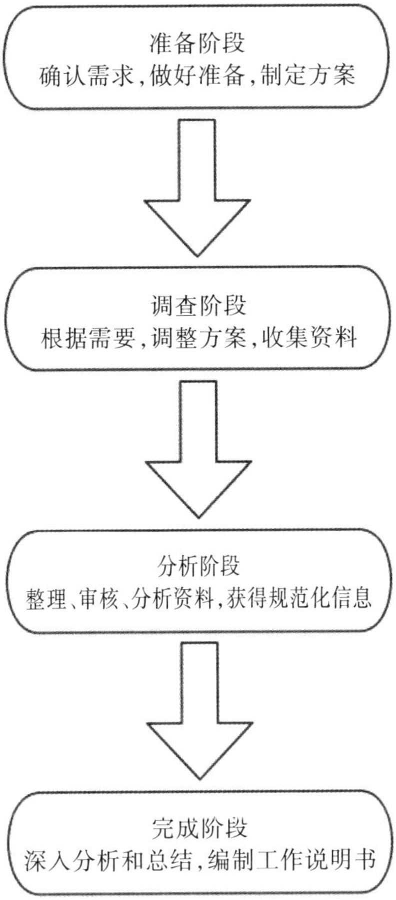

图 2–4　工作分析的流程

1. 准备阶段

进行工作分析首先要做好准备，因此准备是工作分析的第一个流程。在准备阶段中，需要注意以下几点。

第一，要对工作分析的目的和用途进行明确。工作分析的目的和用途不同，涉及的对象和内容也不一样，使用的方法也就不同，因此要明确好目的和用途，这样才能精准地开展工作分析工作，节省时间和财物。

第二，成立专门小组。进行工作分析是相对专业的事情，而且涉及组织中的多个部门和员工，因此成立专门的工作小组是很有必要的。为了工作的顺利开展，小组成员一般应包括高层领导、工作分析人员以及外部专家和顾问。这样，既能保证企业全体人员的积极配合，还能保证工作分析的专业性，也有利于结果的客观与科学。

第三，制定实施方案。工作分析如何具体开展，需要一个可行的方案做指导。在制定工作分析实施方案时，需要包括的内容有工作分析的目与意义、需要收集的信息、工作分析的形式、主体与对象、工作分析的程序、工作分析的时间与地点、工作分析的方法、工作分析需要的资料与配合、工作分析提供的结果、工作分析结果的审核与评价者，以及工作分析的预算。在制定实施方案时，也要注意确定时间进度表，确保工作分析的按时进行。

第四，其他准备。进行工作分析，也要做好通知和说明工作，方便参与人员的工作安排以及对工作分析工作的理解和配合，这对后期工作的开展都是非常重要的。

2. 调查阶段

准备工作做好之后，就要开始进行调查工作了。调查阶段涉及的工作较多，比较耗时费力，这一阶段收集的信息也对整个工作分析的效果有着重要影响，因此要非常重视这一阶段。调查阶段需要注意的问题主要有以下几个方面。

第一，做好调查问卷和提纲的编制工作。

第二，到现场进行实地观察，并做好各种流程和事件，以及工作相关的设备和环境的记录。

第三，通过调查问卷或面谈的形式同主管人员、在职人员进行交流沟通，收集需要的信息和改进建议，并做好必要的记录。

3. 分析阶段

在调查阶段收集到的信息和资料，是零散的，不成系统的，只有经过一定的分析整理，才能成为可用的信息，这就进入了分析阶段。在这一阶段，需要注意的问题有以下方面。

第一，对收集的信息进行分类整理，查缺补漏，有必要的话需要返回调查阶段继续调查。

第二，对经过分类整理的资料进行审查，确保资料的准确性和完整性，确保工作分析结果的科学性。

第三，对经过分类整理并审查的资料，可以进行深入分析，通过分析，得出工作分析所需要的信息，总结各个职位的具体成分和因素，并做好相应的文件，以便使用。

4. 完成阶段

在经过上述三个阶段后，工作分析就进入尾声了，因此这一阶段称作完成阶段。在完成阶段主要就是形成工作分析结果，主要需要注意的问题有以下方面。

第一，根据资料分析获得的信息，按照一定的要求编写工作说明书，并经过核实和讨论，进行修改和完善，并最终定稿。

第二，总结工作分析工作，撰写工作分析报告，探讨工作分析中的问题，总结工作分析中的经验，以便于下次工作分析的开展。

三、制定人力资源规划

制定人力资源规划是进行人力资源管理的重要基础性工作，对人力资源管理能够起到指导性作用。下面对人力资源规划的基本情况进行介绍，具体的制定与操作在后面进行具体说明。

（一）人力资源规划的含义

人力资源规划，又称人力资源计划，其英文为 Human Resource Planning，简称 HRP。组织在发展战略和经营规划的指导下，对员工的供需平衡进行预测和分析，借此满足在不同发展阶段对员工的需求，为发展提供符合质量和数量要求的人力资源保证，这就是人力资源规划。简言之，人力资源规划是预测组织在某时期内的员工供给与需求，并采取措施平衡人力资源供需。

要想准确理解人力资源规划的含义就应该把握以下要点。

第一，人力资源规划的基础是组织的发展战略和经营规划，只有具备发展战略和经营规划这一前提，才谈得上人力资源规划。第二，人力资源规划的内容有两个，分别为对组织一定时期的员工供需的预测以及根据预测结果采取措施进行平衡。第三，人力资源供需预测要注意数量和质量的全面考虑，要数量，更要有质量。

（二）人力资源规划的目的

人力资源规划有三大目的，具体如图 2-5 所示。

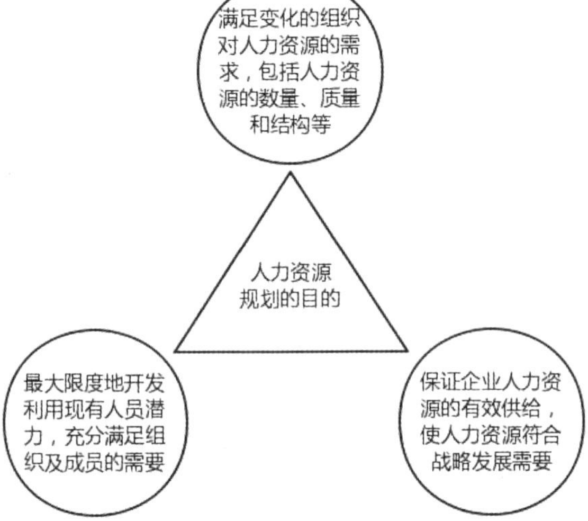

图 2-5 人力资源规划的目的

（三）人力资源规划的作用

人力资源规划对于人力资源管理非常重要，对于公司的发展也具有重要的意义。具体来说，人力资源规划的作用有以下几点。

1. 人力资源规划是公司实现组织战略目标的保障

每个公司都有自己的组织战略目标，它是一个非常庞大的系统，涉及公司各个方面的规划，如生产、营销、财务等，人力资源规划也是其中之一，都是公司组织目标体系的组成部分。但是人力资源具有特殊性，对公司来说，人力资源是发展的重要力量，尤其是高素质的管理人员和专业技术人员，对公司来说不是随时可以得到的，只有做好相应的规划，才能保证公司发展对人力资源需求的及时满足。因此，人力资源规划通过这一过程，保障公司组织战略目标的实现。

2. 人力资源规划是人力资源管理的基础

对于公司来说，进行人力资源管理，制定人力资源规划必不可少，因为人力资源规划是对人力资源管理工作的具体指导，只有在人类资源规划的基础上，人力资源管理工作才能有效地开展。通过人力资源规划，公司能够有序地进行人力资源的储备和配置，并在员工的发展与管理方面发挥着积极的作用。

3. 人力资源规划有利于员工积极性的调动

员工通过公司的人力资源规划，能够看到公司及个人的发展前景，能够将自己主动融入到公司的发展中，并合理规划自己的职业生涯和发展方向，从而积极主动地参与公司的建设与人生的发展。

4. 人力资源规划有利于公司控制人工成本

公司要发展壮大，必定需要越来越多的人力资源，也因此增加了人工成本。制定人力资源规划，公司可以对人员的变化有大致的把控，能够根据情况调整人员构成，使之尽可能合理，也能实现人工成本的可控性。

（四）人力资源规划的类别

对人力资源规划进行分类，一般可以依据时间长短进行划分。依据时间长短，人力资源规划有长期规划、中期规划和短期规划三种。

表 2-1　人力资源规划的分类

类别	时间	特点
长期规划	5~10 年或以上	具有战略意义，比较抽象，可能随内外环境的变化而发生改变，可以为组织人力资源的发展指明方向、目标和基本政策
中期规划	1~5 年	目标、任务的明确与清晰程度介于长期和短期规划
短期规划	1 年及以内	一般按照年度编制，适用于规模较小的组织

也有学者将人力资源规划大致分为三个层次：策略规划、制度规划和作业执行规划，这代表了人力资源管理的不同发展阶段，可以体现出从传统的人事管理到现代人力资源管理的过渡。

第二节 人力资源管理的供需预测

一、人力资源管理的供给预测

（一）人力资源供给预测的含义

企业需要在生产过程中投入劳动，这种劳动的投入就是人力资源的供给，它与企业人力资源总数、单位劳动力的劳动时间以及标准劳动力的折算系数有关。为了保证企业有足够的人力资源供给，必须对某一特定时期内能够提供给企业的人力资源情况（包括数量、质量以及结构等）进行评估，这就是人力资源供给预测。企业可以从外部劳动力市场获得人力资源，也可以从内部劳动力市场获得人力资源，这就是人力资源供给的两个来源。因此，人力资源的供给预测也要分为外部供给预测与内部供给预测。

1. 人力资源外部供给预测

企业人力资源的外部供给多是有潜力的新员工以及一些没有或者有很少技能的体力劳动者或短期工，这些外部劳动力一般综合素质较低或者需要经过一定的培训并被企业认可才能满足企业的需要，因此劳动力折算系数较低，对其进行预测时主要从数量方面进行考量。而且对于大多数企业来说，外部人力资源供给是不可控的，需要考虑影响供给的因素，从而保证预测的准确性。劳动市场供需情况是影响外部人力资源供给的重要因素，此外，家庭是外部劳动力市场的供给主体，市场工资水平及家庭观念也影响着外部人力资源供给态势。具体来说，当外部劳动力市场供给大于需求时，企业人力资源外部需求会得到满足，而家庭对企业所处行业的喜好也会对企业的外部实际人力资源供给产生影响。[①]

2. 人力资源内部供给预测

企业有着一定的员工，而且有着一定的人力资源储备，它们的调配可以由企业来决定，受外界影响的程度很小，因此与人力资源外部供给

① 陈葆华，任广新，张建国．现代人力资源管理[M]．北京：北京理工大学出版社，2017.

相对应，是企业人力资源内部供给。对于处于内部劳动力市场的这些人力资源，他们大都经过一定的培训，积累了较多的工作经验和技能，相对于外部劳动力来说，其劳动力折算系数很高，而且会随着整体素质的提升进一步增加，虽然有退休、生育等自然减员情况的出现，但人力资源质量的提升会弥补数量的减少，进而增加企业的人力资源供给。因此，在人力资源内部供给预测中，要关注人力资源数量的情况，更要关注人力资源质量的情况。

（1）内部供给数量预测

企业现有的内部劳动力市场劳动者人数以及新员工人数决定了人力资源内部供给数量。一般情况下，新员工的引进是有限制的，因此，现有内部劳动力市场劳动者人数的自然变化和流动状况是影响人力资源内部供给数量的主要因素。内部劳动力市场劳动者人数的自然变化主要受员工的性别、年龄和身体状况等因素的影响；而流动状况包括因辞职、辞退等导致的人员流出和人员在企业内部的流动。

（2）内部供给质量预测

在人类资源数量一定的情况下，人力资源的质量影响着人力资源的供给状况。企业人力资源质量的变化体现在两个方面：一是高素质人力资源数量的增加，二是人力资源整体素质的提升。无论是哪一种情况，都会增加企业人力资源内部供给。因此，企业都非常重视人力资源整体质量的提升，并通过各种途径提升员工的素质，这也是为了增加人力资源供给，满足企业的人力资源需求。

（二）人力资源供给预测的步骤

人力资源供给预测是较为复杂的，其步骤多样，一般来说，主要包含图 2-6 中的几个步骤。

（三）人力资源供给预测的方法

1. 外部供给预测的方法

（1）查阅资料

企业对人力资源外部供给进行预测需要了解相关的信息，可以通过查阅资料的方法进行。尤其是当前处于信息时代，互联网的高速发展与应用为企业了解相关信息提供了极大的便利。企业通过互联网与大数据可以了解国家相关部门发布的统计数据，还可以及时了解到相关的法律和政策。

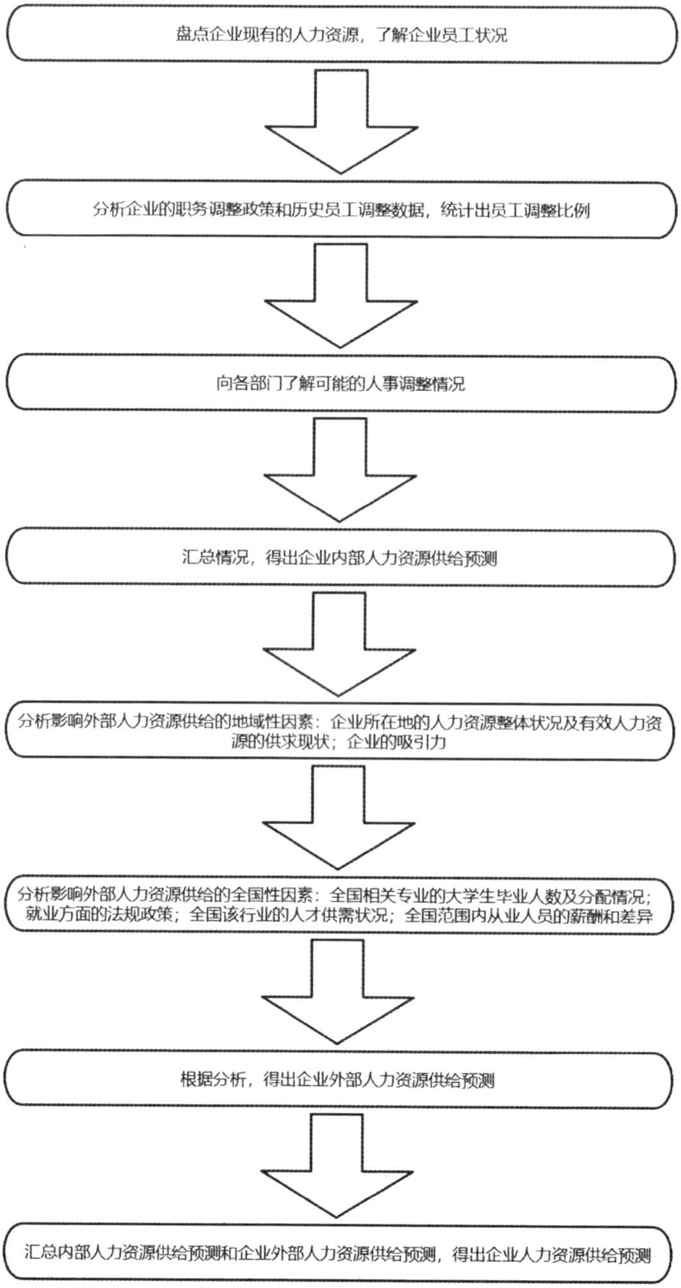

图 2–6　人力资源供给预测的步骤

（2）直接调查

企业有了自己关注的人力资源以后，可以对其进行直接调查。通过直接调查，可以更准确地了解人类资源的具体和真实状况，随时掌握人力资源的变化，也就能随时掌握企业人力资源外部供给情况。

（3）分析雇佣和应聘人员

企业发布人才引进消息，会有意向人员进行应聘，合适的还会进行雇佣，对这些应聘人员和雇佣人员进行分析，也可以估计人力资源供给状况。

2. 内部供给预测的方法

（1）技能清单

技能清单是内部供给预测的重要方法，是对员工工作记录和工作能力特征的反映。技能清单的内容涉及员工的培训情况、过往经历、取得的证书、通过的考试、主管的评价等。技能清单反映了员工的实际能力，可帮助人力资源规划人员估计员工调换工作岗位的可能性，以及确定哪些员工可以补充当前的岗位空缺。

（2）人员核查法

对企业现有人力资源进行核查就是人员核查法，主要内容涉及人力资源数量、质量、结构分布等。通过人员核查法，可以使企业了解可供调配的人力资源拥有量及其利用潜力，并在此基础上，评价当前不同种类员工的供求状况，确定晋升和岗位轮换的人选，确定员工特定的培训或发展项目的需求，帮助员工确定职业开发计划与职业通路。

（3）管理人员替代法

管理人员替代法是通过一张管理人员替代图来预测企业内部的人力资源供给情况。管理人员替代图包括部门、职位全称、在职员工姓名、职位（层次）、员工绩效与潜力等各种信息。

（4）马尔科夫预测法

马尔科夫预测法是通过收集历史数据，总结人事变动的规律，由此对未来人事变动情况进行预测。它是一种统计方法，使用统计技术预测未来的人力资源变化。这种方法描述组织中员工流入、流出和内部流动的整体形式，可以作为预测内部劳动力供给的基础。

二、人力资源管理的需求预测

（一）人力资源需求预测的含义

人力资源需求预测是指企业为实现既定目标而对未来某一特定时期内所需人力资源的数量、质量与结构进行估算。企业的人力资源需求受多种因素影响，主要包括企业的产品与服务、发展战略与经营规划、生产技术与管理水平等。对人力资源需求进行预测也要考虑这些因素。

1. 产品与服务

企业是提供产品和服务的，企业要生存、要发展，提供的产品和需求必须要满足市场的需要，要满足消费者的需求。不同的消费者有着不同的需求，不同的行业有着不同的产品和服务，这些产品和服务会受到消费者数量及消费习惯、购买力以及社会发展水平等的影响，因此有稳定性，也有波动性。市场和消费者需要什么产品和服务，企业就要提供什么产品和服务，而要生产不同的产品和服务，就需要依靠不同专业的人力资源，因此，在预测人力资源需求时，一定要考虑产品和服务的因素，这在很大程度上决定着一个行业、一个企业的人力资源需求情况。一般情况下，人力资源需求与企业产品与服务需求呈正相关关系，当企业产品和服务需求增加时，企业所需要的人力资源数量或质量也要提升。

2. 发展战略和经营规划

企业都有着自己的发展战略和经营规划，这是企业谋求自身发展方向的指导，也是企业发展的蓝图。企业发展战略和经营规划受到外部市场环境以及自身应对能力和目标要求的影响。企业有着什么样的发展战略和经营规划，就需要有相匹配的人力资源予以支撑，因此也决定了企业的人力资源需求状况。当企业战略扩张或者调整经营策略时，企业的人力资源数量或者结构也要进行相应的变化。

3. 生产技术和管理水平

企业的生产流程和组织形式很大程度上取决于生产技术和管理方式，这又决定着企业人力资源需求的数量和结构。因此，当企业的生产技术或者管理方式发生变化时，也会导致人力资源需求情况的变化。企业采取了新的生产技术，提高了劳动生产率，所需要的人力资源数量就会减少，采用新技术的同时也会伴随着新的岗位的产生，也在一定程度上增加了对某种人力资源的需求。

以上三点是影响企业人力资源需求的基本因素。每个企业的实际情况不同，对各自人力资源需求的影响也会不同，即使是同一个因素，在企业的不同发展时期，对人力资源需求的影响也不会完全一样，因此在进行人力资源需求预测时，一定要从企业的实际情况出发，使预测结果更加准确客观，更加切合企业的真实需求。

（二）人力资源需求预测的步骤

一般来说，人力资源需求预测可以分为现实人力资源需求预测、未来人力资源需求预测和未来流失人力资源需求预测三个部分。通过这三个部分的预测，可以得出企业整体的人力资源需求预测。

1. 现实人力资源需求预测

现实人力资源需求预测的步骤如图 2–7 所示。

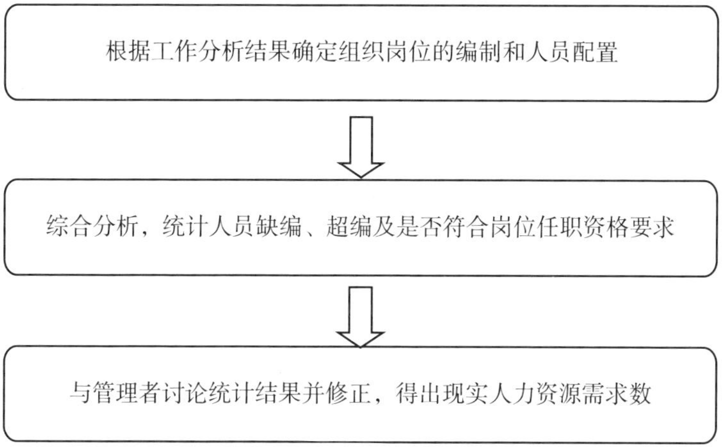

图 2–7　现实人力资源需求预测的步骤

2. 未来人力资源需求预测

未来人力资源需求预测的步骤如图 2–8 所示。

根据企业的发展规划，确定各部门工作量的变动情况

根据工作量增减，确定需增加或减少的岗位及人数，汇总统计，得出未来人力资源需求数

图 2-8　未来人力资源需求预测的步骤

3. 未来流失人力资源需求预测

未来流失人力资源需求预测的步骤如图 2-9 所示。

根据员工的档案，统计预测期内的退休人员

根据历史数据和劳动力市场变化，统计未来可能的离职情况

根据退休和离职情况预测，得出未来流失人力资源需求数

图 2-9　未来流失人力资源需求预测的步骤

4. 人力资源需求预测

在得出现实人力资源需求数、未来人力资源需求数和未来流失人力资源需求数后，对三者进行汇总，就得出了企业整体人力资源需求预测结论。

（三）人力资源需求预测的方法

对人力资源需求进行预测，需要用到一定的预测方法，预测方法的选择对人力资源需求预测的结果会产生一定的影响，因此要正确选择。

人力资源需求预测的方法有定量方法和定性方法之分。

1. 定量方法

（1）趋势预测法

趋势预测法是一种基于统计资料的定量预测方法，一般利用的是过去5年左右时间里的员工雇用数据得出未来的人力资源需求趋势。

（2）劳动生产率分析法

顾名思义，劳动生产率分析法就是对劳动生产率进行分析的方法，通过对其分析，结合企业的生产或服务量，对人力资源需求情况进行预测。

（3）多元回归预测法

多元回归预测法这一人力资源需求预测方法也是基于统计技术的。但与趋势预测法不同，它将影响人力资源需求变化的多个因素考虑在内，更重视变量之间的因果关系，根据多个自变量的变化来推测因变量的变化，并通过一些指标来控制推测的有效性。

除了上述三种定量方法之外，比较常见的还有劳动定额法、趋势外推法、生产函数模型法以及工作负荷法等。

2. 定性方法

（1）现状规划法

人力资源现状规划法是一种最简单的预测方法。该方法假设企业生产规模和生产技术不变，企业的人力资源相对稳定，即企业目前各种人员的配备比例和人员的总数将完全能适应预测规划期内人力资源的需求。人力资源规划人员需要预算出在规划期内晋升、降职、退休或调出的人力资源的情况，再进行相应的调节。由于这一预测方法的前提条件比较理想化，因此主要适用于短期人力资源规划预测。

（2）经验预测法

企业根据以往的经验对人力资源进行预测，这种方法就是经验预测法。企业在预测本组织将来某段时间内对人力资源的需求时经常会用这种方法。以往的经验是这种方法的基础，因此预测结果受以往经验的影响较大，所以采用此种方法时要保证过往经验的准确性以及多人经验的集合，尽可能少地避免误差的出现。这种方法适用于技术较稳定的企业的中短期人力资源预测规划。

（3）德尔菲法

19世纪40年代的兰德公司在对人力资源需求进行预测时，通常由有经验的专家或管理人员对某些问题分析或管理决策进行直觉判断与预测，这就是德尔菲（Delphi）法，也称“专家咨询法”或“集体预测法”。德尔菲法是一种简单、常用的主观判断预测方法，对预测者的经验和判断能力比较依赖。

第三节　人力资源规划的制定与操作

一、制定人力资源规划的原则

人力资源规划对人力资源管理至关重要，甚至决定了组织未来发展的基础，因此要严格按照相关原则进行制定。制定人力资源规划的原则主要有以下几个。

（一）充分考虑内外部环境变化

企业在生存发展的过程中受到内外部环境的影响，一个发展顺利的企业必定能够根据内外部环境变化及时调整策略，合理应对。人力资源规划作为企业发展战略和经营规划的重要组成，也要充分考虑内外部环境的变化。只有在考虑内外部环境变化前提下制定的人力资源规划，才能真正地适应企业发展的需要，也才能切实为企业实现目标服务。内外部环境涉及的因素很多，既有企业生产、销售、组织战略或人员的变化，还有国家法规政策、市场供需情况的变化，因此要全面综合进行考虑，并在制定人力资源规划时做好风险预测和应对措施。

（二）确保组织的人力资源保障

在人力资源规划中，有一个需要解决的核心问题就是组织的人力资源保障问题。这个核心问题涉及社会人力资源供需情况、企业员工的流动情况。只有客观准确地把握这些信息，才能有效保障组织的人力资源供给，也才能更好地进行人力资源开发与管理。

（三）综合考虑组织和员工利益

人力资源规划是组织对企业人力资源供需情况进行分析并进行平衡的活动过程，对组织的可持续发展至关重要。但是如果只考虑组织的需要，人力资源规划的作用就会大打折扣。因为，组织的发展要依靠人力资源，从这个层面上讲，组织与员工是相互依托、相互促进的。因此，在制定人力资源规划时，不仅要考虑组织的需要，也要从员工发展的角度出发，使组织和员工的利益都得到保障，这样可以使员工获得自我发展，激发员工积极主动地参与组织的建设，在一定程度上更有利于组织目标的达成。

二、人力资源规划的制定步骤

在制定人力资源规划时，要按照一定的程序和步骤进行，具体来说，制定人力资源规划的步骤如图 2-10 所示。

（一）编写人员配置计划

在编写人员配置计划时，要以企业的发展规划为依据，并结合企业人力资源的情况，其目的是要展示企业未来的人员数量、数量与结构分布。人员配置计划要包括的内容有企业各职务的人员数量、职务变动与空缺，及相应的调整办法等。

（二）配置人员需求

以职务计划和人员配置计划为依据，采用一定的方法，对人员需求进行预测。人员需求中，应阐明需求的职务在人员需求预测中，要做到详细具体，包括具体的名称、数量及时间，这样方便后续工作的开展以及人员的及时配置。在整个人力资源规划中，对人员需求进行预测是最重要的，也是最困难的，因为实际中有很多不确定的东西，这就要求人力资源规划工作人员要具有较高的水平、富有创造性和高度参与性。

（三）编写人员供给计划

得出人员需求预测结果后，就要想方设法采取各种措施解决需求问题，这就涉及人员供给计划。人员供给计划给出了解决人员需求的对策,其目的是平衡人力资源供需。在人员供给计划中,要列出人员供给的方法,结合前面人员供给预测中说的外部供给与内部供给,人员供给计划也要从这两个方面想办法,可以是内部晋升或调整,也可以是外部招聘,并制定相应的计划。

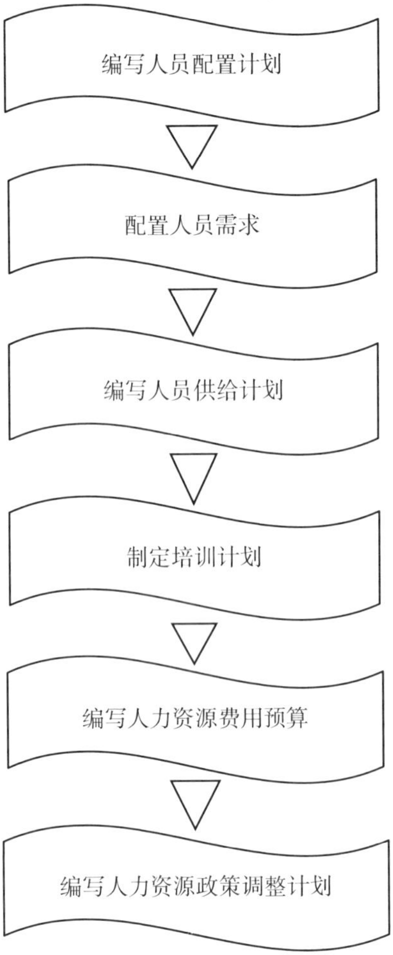

图 2-10　制定人力资源规划的步骤

（四）制定培训计划

通过内部攻击或外部供给的方式解决人员需求时,还要注意获得的人员的素质。有些新进员工要胜任工作,必须了解企业文化及相关规定,并熟知岗位职责和技能,即便是通过内部晋升或调整而来的员工,也要发生具体工作环境或者性质的转变。为了使人员供给更好地满足需求,需要对这些人员进行培训,因此制定培训计划也是必不可少的。根据上述内容,培训可分两种:一种是新进员工的入职培训,另一种是在职员工的提升培训。无论是哪种培训,都要在培训计划中有所提及,并列出具体的培训政策、内容、形式、考核等。

(五)编写人力资源费用预算

一个企业或组织最大的目的就是获取经济利益,实现可持续发展。因此,考虑投入产出比例是必然的。制定人力资源规划,是要解决人力资源的供给和需求平衡的问题,重要任务之一就是控制人力资源成本。因此,在制定人力资源规划时,必须编写好人力资源费用预算,进行预算管理。在实际工作中,应列入预算的有招聘费用、培训费用、调配费用、奖励费用及其他与人力资源开发利用有关的费用。

(六)编写人力资源政策调整计划

企业要发展,需要有一定的战略规划,也需要根据内外部环境变化及实际情况及时地予以调整。企业人力资源政策也会根据现实情况而发生变化,因此也要编写人力资源政策调整计划。这是确保人力资源管理工作主动地适应企业发展的需要的一大举措,是对企业发展和企业人力资源管理之间的主动协调。人力资源政策调整计划应包括人力资源政策的方向、范围、步骤及方式等,并明确调整原因、调整步骤和调整范围等,还应涉及员工关心的招聘政策、绩效考评政策、薪酬福利政策、职业生涯规划政策、员工管理政策等。

三、人力资源规划的监控

人力资源规划毕竟是一个规划,涉及的因素很多,有些还具有较大的不可控性,而且企业面临的内外部环境时刻在发生着变化,因此在实施人力资源规划的过程中,肯定会出现许多意想不到的问题,也会出现人力资源规划与企业实际不十分符合的情况。在这种情况下,就体现了监控人力资源规划的重要性。通过人力资源规划的监控,可以发现人力资源规划中的问题,从而给出可靠的信息,便于人力资源规划的及时调整。

（一）人力资源规划的监控标准

人力资源规划的监控不能随意而为，而要按照一定的标准进行，图2-11是人力资源规划的监控标准。

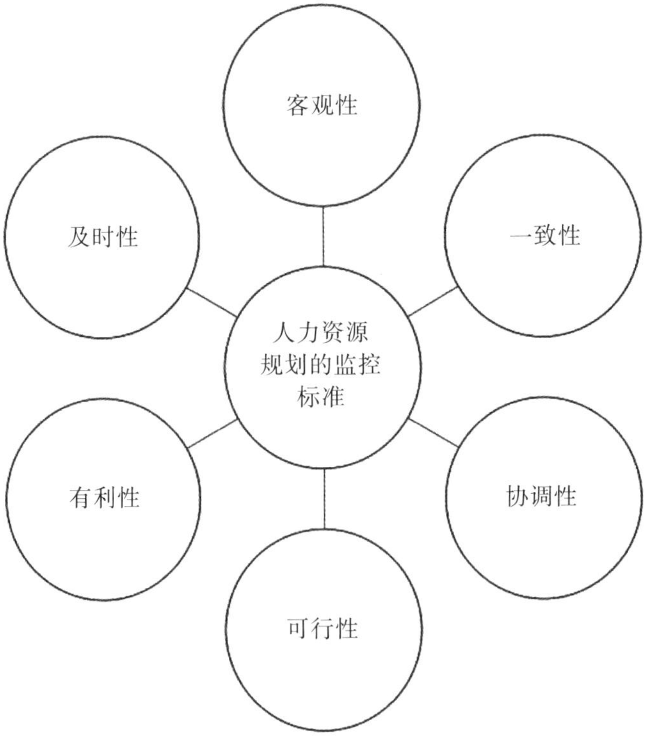

图 2-11　人力资源规划的监控标准

1. 客观性

人力资源规划的监控要做到客观性。也就是说，在这一过程中，要做到诚实、公平、有根据，不带感情色彩和个人性。在对人力资源规划的制定和实施情况进行评定时，不能仅靠个人的主观性判断，而要用企业实际得到的绩效或者数据为依据，只有给予人力资源规划诚实和公正的评价，才能对人力资源规划进行有效的调整。

2. 一致性

在人力资源规划监控中，要做到一致性。也就是说，在实施规划的过程中,要注意目标和政策的一致性。在规划实施过程中出现了矛盾或冲突时,需要得到人力资源规划评价系统和控制系统的参与,保证所有人力资源规划的预期目标均得以实现。

3. 协调性

在监控人力资源规划的时候还要注意协调性。既要对人力资源的某个方面的发展趋势进行分析和考察,也必须对各项业务规划以及人力资源开发与管理政策的综合发展趋势进行分析和考察。保障人力资源规划在各种变化趋势共同作用时的协调实施是监控系统的一个重要目的。

4. 可行性

人力资源规划的监控要做到可行性,即技术上、方法上、环境适应上、经济上可行。只有具有可行性,才能保证人力资源规划的监控成功地贯彻企业的战略以及人力资源规划。不具备可行性的方案,就是一纸空文,也就无法取得预想的结果。做到可行性,也要注意企业自身的实际情况,要确保企业能够依靠自身资源就可以贯彻实施。有些监控采用的技术先进,花费的费用较多,这样会给企业带来沉重的负担,与监控的初衷是不符的,企业也就不可能实行。另外,监控后对人力资源规划提出的变化范围也要具有可行性,在企业的承受范围之内,否则,所做的工作也是无效的,是对资源的一种浪费。

5. 有利性

企业实施人力资源规划监控要为企业创造和保持竞争优势,培育企业独特的核心竞争力,这就是有利性标准的要求。通过对人力资源规划实施的监控,使企业获取竞争实力,从而为企业的可持续发展奠定基础。

6. 及时性

人力资源规划监控要做到及时性,这也是这项工作的关键。企业面临的环境是时刻发生变化的,而且有些变化是很快的,对于人力资源规划及实施中出现的问题,要及时发现并反馈解决,否则,反馈的结果会因时间的推移而失去应有的价值,不再适应形势发展的需要。因此发现问题要及时,解决问题要及时,为企业人力资源规划提供有价值的信息。

（二）人力资源规划监控的方法

1. 定期与不定期检查相结合

受各种因素的影响，任何规划在执行的过程中都会产生偏差，这都是很正常的。但是如果对这些误差不予以重视，则会对人力资源规划的实施效果产生不利影响，甚至影响规划预期目标的顺利实现。因此，在人力资源规划的执行过程中，需要对人力资源规划的具体实施情况定期进行检查，发现问题及时解决，并给出相应的意见，便于规划的调整和误差的修正。环境变化莫测，企业为了适应市场变化也会不定期地调整战略目标，这就要求在监控中还要进行不定期检查。与定期检查相比，不定期检查更能及时发现问题，可以保证人力资源规划的动态调整。

2. 整体性控制

看人力资源规划与企业战略目标是否一致，这是人力资源规划监控的一个重要内容，也就是对人力资源规划的整体性控制。人力资源规划要达到预期目标，其根本就是必须能根据企业内外环境变化和战略目标的调整而适时调整，这是保证的根本。对人力资源规划的整体性控制是一项战略性任务，在监控过程中，需要分析企业现有的人力资源规划能否有效支持企业整体战略目标的实现。

四、人力资源规划的调整

（一）人力资源规划调整的原因

企业是不断变动的，在发展的各个阶段都需要合适的人力资源规划，制定好的人力资源规划要适应企业发展的需要，也要进行不断发展与调整。

（1）人力资源规划的参考信息具有动态性。内外部环境在不断变化，企业自身战略也会不断调整，企业要以此为依据，经常性地调整人力资源规划。

（2）人力资源规划的执行具有灵活性。人力资源规划在执行的过程中，会面临企业内外环境发生变化的情况，也会面临企业的战略目标据此做出调整的情况。因此，为了适应这些调整，具体规划措施是随时变动的，也需要随时调整规划的执行。

（二）人力资源规划调整的措施

企业针对内外部人力资源环境变化，会调整自身战略，并会根据调整过的组织战略，调整人力资源规划。企业积极主动进行人力资源规划调整的措施有以下几个。具体如图 2-12 所示。

常规程序性处理方式

常规程序性处理方式是企业按照以前程序性的处理方法来对付出现的差异。这是企业在实施人力资源规划监控与评估过程中采用最多的一种方式。采取常规程序性处理方式需要执行过程中出现的问题是以往也出现的常见问题，或者说是执行过程中必然出现的问题。只要不对组织稳定性产生较大影响，就可以采用常规程序性处理方式

开设专题解决方式

人力资源规划实践中出现问题或者机会时，一些高级管理者会专门进行专题分析、突击解决。开设专题解决方式能做到反应迅捷。对于一些难点问题，或者涉及企业战略层面的问题，需要高级管理者与人力资源部门一起进行专题研究，共同商讨恰当的方法

建立专家应急模型方式

企业根据其他相关企业实施人力资源规划的经验，结合自身具体情况，组织有关专家对可能出现的问题建立专家应急模型，当有关问题真的出现时，企业能及时响应。对于一些不可预料的情况，依靠常规解决方法以及组织自身力量很难解决的时候，可以考虑使用外部人力资源。综合考虑专家、企业高级管理者和人力资源部门的意见，形成应急解决模式

图 2-12　人力资源规划调整的措施

第三章

现代企业人才引进

人才引进是企业满足自身人力资源需求的重要途径，现在企业引进人才主要通过招聘的形式实现。企业招聘人才有着一定的流程，并且会采取各种方法对招聘人才进行甄选和测评，在此基础上决定是否录用。本章对现代企业人才引进进行研究，主要涉及企业人才招聘及人才评价的相关内容。

第一节　企业人才招聘概述

一、招聘的概念及意义

（一）招聘的概念

招聘就是指通过不断搜集有关信息，进行筛选，做出取舍决定等活动，把具有一定能力和资格的适当人选吸纳到组织空缺职位的过程。

一般情况下，组织招聘的任务主要在以下几种情况下提出。

（1）新成立一个部门。

（2）人员队伍结构不合理，在裁减多余人员时需要补充短缺人才。

（3）晋升、退休等造成职位空缺。

人员招聘是基于以下四种假设。

（1）每个职位对人的能力和资格的要求相对稳定。

（2）每个人都有基本的个人素质和相对的能力特长。

（3）职位的要求与人员的能力和基本素质要相匹配。

（4）职位与人员的匹配度要高，以便提高工作效率和组织效率。

这些假设隐含更深一层的意思，即职位所对应的要求不是一成不变的，随着时间的改变，相同的职位的要求也随之变化，同样，个体的基本素质和能力也会随时间变化，所以在招聘时，应根据职位的最新要求与个体能力等进行具体而准确的动态测量。

（二）招聘的意义

招聘是人力资源的入口管理，通过招聘对即将进入组织的人员的素质和能力进行筛选、把关，它是整个人力资源管理过程的关键环节，因而具有十分重要的意义。

（1）有效的招聘有利于人才的优化配置和部门最佳人才结构的形成。人员招聘制可以实现人才和用人部门的双向选择，使各得其所。组织实行开放式、“市场”化的人员选聘，可以在较大范围内选择到本部门所需要的人才，组织人员通过应聘，也可以选择到适合自己志向和才能的岗位，既体现了组织工作对人才的需要，也体现了人才个人的工作愿望和自身价值。

（2）有效的招聘可以减少人员流失，增加组织稳定性。因为成功的招聘可以为公共部门的每一个职位找到最匹配的人员，同时也提高了员工的满意度，做到人尽其才。

（3）有效的招聘可以节省对入职人员初任培训和能力开发的费用。因为高素质、高能力的人自主学习能力和接受能力较强，培训起来也更简单、有效。

（4）有效的招聘能够提高组织的效率。当组织中的每一个职位和人员最大化地匹配时，人员之间相互配合程度也更高，对组织的管理人员来说，管理起来也会变得更简单，管理者不用再花时间和精力来解决组织内部各种繁杂的问题，而是可以将更多的时间和精力放在考虑组织发展的关键问题上。

（5）有效的招聘有利于增强在职人员的危机意识，激发他们更大的工作热情。一方面，通过竞争上岗，择优录用，把一些意识差、工作水平低的不称职人员从原岗位上挤下来，换上能胜任本职工作且更为优秀的人员，有利于工作效率和质量的提高；另一方面，通过竞争上岗会造成部分人的落聘、下岗，有了这种危机和压力，人员才能彻底将懒惰和不上进扼杀在摇篮中，才会让他们树立正确的工作作风，奋发向上，真正做到爱岗敬业，同时也有助于改变组织中存在的一些不良现象，形成唯才是举、任人唯贤的良好风气。

二、人才招聘的方法

人员招聘的方法很多，究竟采用哪种方法要视成本和效益而定。一般而言，根据招聘对象的来源可分为内部招聘和外部招聘。

（一）内部招聘

1. 内部招聘对象的主要来源

（1）提升

提升是指从组织内部提拔符合条件的人员填补职位空缺。一般而言，提升是有计划的，在提升之前会对候选人进行甄选评价，最后由上级主管部门确定提升与否。内部提升的优点是可以激发部门成员奋发向上，为部门成员提供发展的机会，而且省时、省力、省费用；缺点是选择范围小，自我封闭，组织缺乏活力。

（2）调用

内部调用一般包括工作调换和工作轮换两种方式。工作调换是指员工的职务等级不变，更换相关的工作岗位，让员工从事更多的工作以达到提升自身能力的目的，提前为提升做好准备，这种方式一般适用于中高层的管理人员。工作轮换一般多用于普通员工的工作调动，可以使员工积累各方面的经验，也可减少长期从事某项工作所带来的枯燥乏味感。内部调用的优点是有助于增加员工的工作经验和新鲜感；缺点与内部提升相似，处理不当可能影响员工的工作积极性。

（3）公开招聘

内部公开招聘主要针对内部人员进行相关职位的招聘工作，空缺职位的相关信息和要求会张贴在布告栏内，认为自己能胜任或者愿意从事相关工作的人员都可以报名。这种方法提供了招聘部门内公平竞争的机会，每个人都有机会，有利于调动全体成员的积极性，从而找到合适的人选。

（4）重新聘用

这种方式适用于待岗的员工。他们通过重新工作来展示自己的能力才华，会保持较高的工作积极性；并且由于他们一般都有丰富的工作经验，能够很快适应工作岗位，因而能为招聘部门节省大量的培训费用。

2. 内部人员的招聘方法

（1）推荐法

推荐法是指内部员工在了解部门需要的基础上为组织推荐合适的人员，用人部门和人力资源部门对被推荐的人员进行选择和考核的一种方法。

（2）档案法

档案法是指通过查看人力资源部门的员工档案，了解员工在教育、培训、经验、技能、绩效等方面的信息，帮助用人部门和人力资源部门寻找合适的员工的一种方法。

（3）布告法

布告法是指将招聘信息以布告的形式，公布在招聘部门中一些可以利用的墙报、报告栏、内部报刊上，尽可能使内部的员工获得信息，鼓励有才能、有志气的员工毛遂自荐的一种内部招募方法。

（4）职业生涯开发系统法

职业生涯开发系统法是指根据本招聘部门制定的职业生涯设计，进行人员的晋升、调用等，进而满足填补本部门空缺职位需求的一种方法。

（二）外部招聘

1. 刊登广告

组织常用的招募方式就是刊登招聘广告。这是因为报纸、杂志、电视、网络的接触面广，流通量大，从而有较大可能招募到理想人才。

在设计招聘广告时，要注意广告的独特创意，树立良好的组织形象，给读者留下深刻印象。另外，还应把主要的招募内容展示出来，如工作内容、工作时间、工资收入、工作环境、资格要求等。利用广告进行招募的缺点是广告存留时间短、成本较高、信息容量少。

2. 学校招募

进行学校招聘的优点是能够保证所招聘的人员的素质,不会出现应聘者能力参差不齐的情况,而且应聘人员数量多,组织能有计划地进行招募甄选。缺点是只能在固定时间内进行招募,不能临时录用。另外,由于学校毕业生急于找工作,通常会同时应征多份工作,通常会出现被选中者很可能同时也被其他机构录用而临时拒绝聘约的情况。

3. 人才交流中心和职业介绍所

人才交流中心和职业介绍所存有大量求职者的资料信息,组织在急需少数个别职位人才时,通过人才交流中心和职业介绍所招募到所需人才是一种简便的方法,但需要一定的费用。

4. 猎头公司

猎头公司是近几年才在国内出现的一种机构,专门提供引荐高级管理人员或专业技术人员的服务。当组织需要填补重要职位或非常专业的职位空缺时,由于难以找到合适的人选,就需要寻求猎头公司的帮助。这类公司大都收费昂贵,但物有所值。

5. 由现有职员介绍

部分组织会通过现有职员或朋友介绍人选来填补职位空缺。这种方式的优点是:推荐人清楚组织的工作及职位要求,因此所推荐的人员大多符合要求。另外,应征者已从推荐人那里了解到工作环境、要求及前景,加上碍于推荐人的情面,会在录用后努力工作,且不会随便离职。缺点在于,易形成小团体,影响组织利益。

6. 互联网招聘

互联网招聘是同科学技术的迅猛发展、网络社会的到来密切联系在一起的。通过网络进行招聘可以发布更加完整的招聘信息,同时可以省下许多出差费用,节省大量的招聘成本,还会使应聘者很快就能掌握用人单位的职位要求和工作内容以及薪水、奖金、福利等自己所关心的信息,从而通过比较来确定自己所要应聘的组织。网络招聘的不足之处在于,网上信息杂乱、真假难辨、保密性不好等。

第二节　企业人才招聘的过程

一、制定招聘计划

员工招聘计划是根据人力资源规划，在进行工作分析的基础上，通过分析与预测组织内部岗位空缺及员工能力获取的可及性，制定的关于实现员工能力补充的一系列工作安排。制定员工招聘计划是进行员工招聘的首要步骤，并为实施招聘行为提供指导。

制定员工招聘计划具体包括以下几个方面。

（一）分析组织现实情况，提出招聘需求

对现实情况的分析主要包括组织现有岗位和员工能力的情况。这一步的主要内容包括对组织人力资源规划、现有工作职位的数量与分布、职位任职要求、员工能力与岗位需求匹配度等方面进行综合分析，进而得到员工招聘的初步需求。

（二）分析劳动力市场状况，调整招聘需求

在制定员工招聘计划时，必须考虑现有劳动力资源的供求状况和整体标准。还要依据国家和地方有关人员录用的法律、法规及政策，以保证员工招聘的合法性和有效性，避免因劳动人事纠纷给组织带来的风险及损失。因此，应根据这两方面因素及时调整员工招聘需求，以适应组织内外部环境的变化要求。

（三）确定员工招聘计划

按照调整后的员工招聘需求，制定相应的招聘计划，主要内容有以下方面。

1. 招聘对象

针对不同职位的具体情况来确定招聘范围，保证招聘群体的基本能力。

2. 招聘标准

招聘标准由基本能力要求和岗位任职要求两部分组成,前者是根据组织战略、组织文化提出的通用能力,后者是根据具体部门和岗位提出的专项能力,包括知识、技能、品质、动机等一系列胜任标准。

3. 招聘人数

招聘的总人数及各部门、岗位分布招聘的数量。

4. 招聘预算

招聘预算是指完成本次员工招聘所预计需要的经费支出。

二、确定招聘策略

员工招聘策略是为了实现招聘计划而采取的具体手段和措施,具体包括招聘组成人员、招聘时间、招聘地点、招聘渠道及宣传策略等。

(一)招聘组成人员

根据招聘对象的差异,确定不同的招聘组成人员。对于普通员工招聘,招聘人员由人力资源部和具体业务部门相关人员组成;对于层级较高的管理者或技术人员招聘,招聘人员还需包括组织高层管理者或从组织外部聘请相关领域专家。招聘人员的工作水平、个性特征及各方面的能力将直接影响招聘的质量与结果,因此,招聘组成人员的选择是一项十分谨慎而重要的决策。

(二)招聘时间

招聘时间要根据组织经营计划来确定,必须保证新聘人员上岗时间能满足组织生产、销售等各环节运作的需求。

(三)招聘地点

不同范围内的市场可提供的劳动力质素是不同的,因此在招聘时要注意招聘地点的合理选择。从招聘成本和招聘效果的角度考虑,组织应将其招聘的地点选择在候选人相对密集的劳动力市场。一般来说,高级管理人员倾向于在全国范围内招聘；中级管理者和专业技术人员通常在跨地区的劳动力市场上招聘；操作工人和办事人员常常在组织所在地的劳动力市场上招聘。为体现择优原则，应根据招聘对象的层级选择不同范围的劳动力市场。

（四）招聘渠道

招聘渠道主要有组织内部和组织外部两大来源。可根据招聘对象和招聘标准，选择不同招聘来源。组织内部来源包括内部提升和职业转换两个渠道；组织外部来源包括自荐、员工引荐、广告征招、就业机构代理、专业猎头征招、校园招聘和网络征招等渠道。通常，组织内部是优先考虑的招聘渠道。

（五）宣传策略

在员工能力招聘过程中，组织必须利用招聘的机会进行组织形象或声誉的宣传。一方面，通过树立组织良好的形象吸引优秀人才；另一方面，通过招聘过程更好地宣传组织文化，达到建立及宣扬组织形象的目的。

三、发布招聘信息

发布员工招聘信息，应考虑以下几方面因素。

第一，发布的范围。一般来说，发布招聘信息的面越广，接受到该信息的人群就越多，招聘到合适人选的概率就越大。但要充分考虑目标岗位的特点，有针对性地向某一层次的群体发布采购信息，提高招聘效率。

第二，发布的时间。发布员工招聘信息，要遵循及时性原则，尽量早地向有关人员发布，这样不仅使更多应聘者获取信息，也可为后续招聘过程争取更加从容的准备时间。

第三，发布的形式。发布形式要根据可利用的招聘渠道，选择能充分传播招聘信息的最佳方式。目前，主要形式有报纸、电视、网络、新闻发布会等。

第四，发布的成本。发布成本要在招聘预算的整体控制下进行统筹分配。不能一味追求发布范围的广度，而不考虑费用的问题。

四、实施员工招聘

实施员工招聘的过程是对应聘者能力进行测量和评价，进而筛选出合适人才，做出正确用人决策的过程。

第一步是筛选求职申请，审查个人简历。这一过程是对与目标岗位相关的任职“硬件”进行把关，用于快速剔除不符合招聘标准的求职者。

第二步是考试和测验。通过对求职者知识、技能、个性等方面的测试可以较为科学、客观地了解求职者与工作有关的基本能力状况，也可称为“外显能力测试”。比较常见的考试和测验有：通用知识和能力考试、专业知识和技能考试、智力测验、心理特性测验、职业倾向测验等。采取的方式有纸笔测验和计算机测验等。

第三步是资信调查。这项工作是对通过考试和测验的求职者进行品行能力的审查，即审核求职者在职位申请表或简历中提供信息的真实性，包括求职者以往的工作经历、工作时间、工作绩效、工资等级等。审查的方式可以对求职者本人进行询问，也可对求职者过往工作单位进行电话或问卷调查。对于资信调查结果与求职者本人提供信息存在较大出入者，可以不给面试机会。

第四步是面试。面试是通过与求职者交互式交流的过程，来甄别其潜在特质的一项测评方式。面试可以灵活、具体、确切地考察求职者的能力、动机、过往经验等隐性特质，引入某些情景模拟或任务操作还可以考察其实际工作能力，也可称为“内隐能力测试”。常用的面试方式有结构化面试、无领导小组讨论、文本筐测验等。

第五步是招聘聘用决策。通过上述程序，根据招聘标准，经过优胜劣汰，做出招聘决策。并发布正式录用通知，签订录用合同，办理有关录用手续等。

五、评估招聘结果

实施员工能力招聘程序之后，还应对招聘结果进行评估。招聘结果评估包括以下几点。

(一)招聘成本评估

招聘成本评估是指对员工招聘中的费用进行调查、核实,并对照预算进行评价的过程。如果费用低于预算,录用人员质量高,就意味着本次员工招聘效率高;反之,则表明招聘效率低。

(二)录用人员评估

录用人员评估是指根据员工招聘计划对录用人员的数量和质量进行评价的过程。具体包括图 3-1 中的几个评价指标。

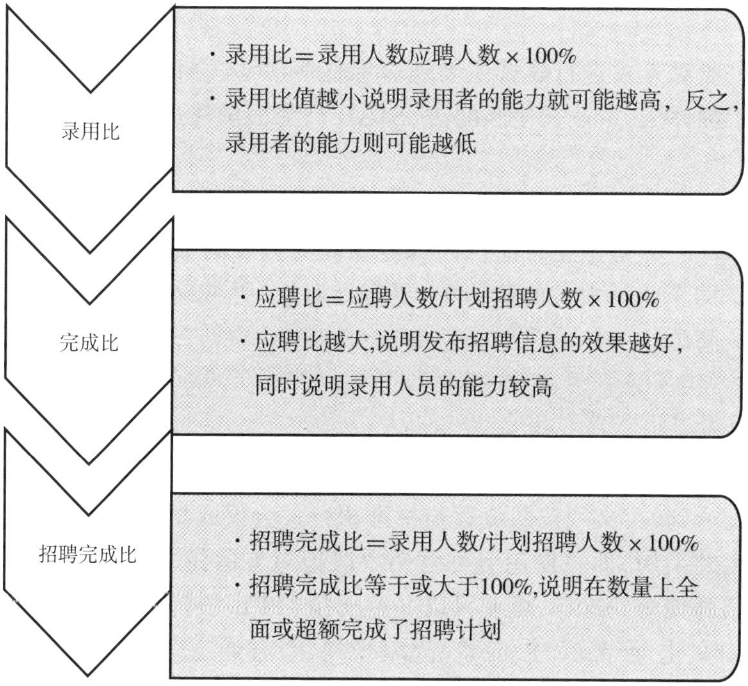

图 3-1　录用人员评估的常用评价指标

除了上述几项评价指标外,还可以根据招聘标准或录用人员入职工作一段时间后的绩效表现来反映录用人员的质量,更为直接、客观地说明员工能力招聘的效果。

（三）撰写员工招聘报告

员工招聘报告是对员工能力招聘过程及结果的总体小结。主要包括招聘计划、招聘进程、招聘决策、招聘成本及招聘结果评价等内容。

第三节　企业人才的甄选与测评

一、企业人才的甄选

企业对人才进行甄选主要通过标杆简历法、会议式招聘法、岗位价值需求测评法、企业文化匹配法、STAR 行为面试法进行。

（一）标杆简历法

标杆简历指企业各岗位内部业绩优秀人才的共同特征。这些特征可以帮助企业从大量的简历中，更有针对性、更准确地选择出符合需求的人员简历。

（二）会议式招聘法

会议式招聘就如同一场招商会议，各方面必须合理组织，各级人员必须配合到位，必须按照流程与标准执行。会议式招聘就是在人才市场抢夺人才简历，而且使用各种营销手段把对方留住，停留在企业举办的会议招聘现场。这样，企业可以通过视频、PPT、讲师、团队展示等，宣传企业的文化、产品、发展前景、战略规划、晋升通道等，吸引在场优秀人才加入公司。

（三）岗位价值需求测评法

价值需求测评可清晰地反映出目前的状态和潜在的需求倾向，能分析应聘者的价值需求是否符合所申请岗位，以降低招聘的主观性。

1. 价值需求评估的方法

价值需求评估需要有一套完整的价值需求测评题目。价值需求测评题目会测出财富、健康、享乐、工作、权力、研发、激励、成就等方面的需求度，然后根据需求度的分值去对应相应的标准，从而测试出应聘者是否适合企业的岗位需求。[①]

2. 价值需求评估的作用

价值需求测评结果反映的是应聘者的价值需求与所申请的岗位之间的吻合程度，以及应聘者的个人发展方向。吻合度高的应聘者优先录用。价值需求分析测评也可以帮助企业分析工作人员的各个方面，包括敏感需求分析、未来三年走势分析、规范化管理指数、优势特征、目前状态分析等。

（四）企业文化匹配法

所谓“文化匹配度”，就是应聘者个人的价值观与企业文化的匹配程度。现在的年轻人喜欢自由、独立、个性、受人尊重、轻松、愉悦、归属、自我实现等，在其个人文化价值观与企业不一致时，往往会不顾一切而离职。因此，企业在招聘员工的时候，一定做好文化匹配分析，避免人力资源、招聘及培训成本的花费没有效果。

（五）STAR 行为面试法

行为面试法，又称行为事件访谈，它是一种效度较高的面试技术。在行为面试中，追问是必不可少的。

行为面试法是在对目标职位充分了解的基础上，清晰界定职位所需的关键胜任特征或能力，然后在被面试者过去的经历中探测与分析、归纳。使用这种方法进行面试时，面试官不仅要关注应聘者的行为，更要关注这种行为所能实现的目标。

具体的 STAR 模型如图 3-2 所示。

① 资雁．新思维红利：化装品企业组织再造系统[M]．成都：西南交通大学出版社，2018.

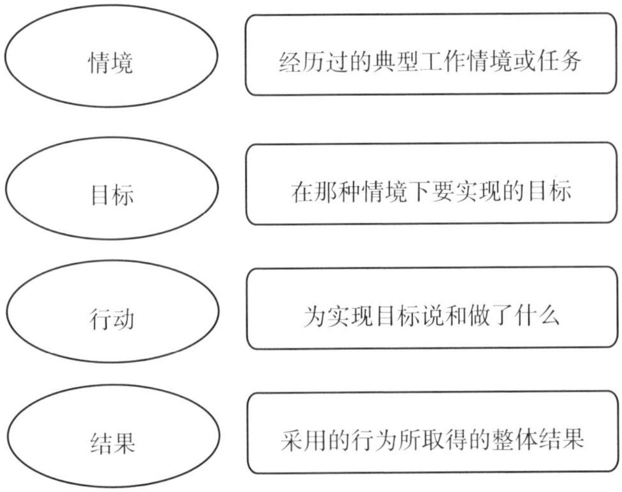

图 3-2　STAR 模型

二、企业人才的素质测评

（一）素质与素质测评

1. 素质

素质是指人所具有的个性特质、学识、才气、能力以及专业技术特长等的综合。素质可以分解为先天素质和后天素质两个方面。先天素质是通过父母遗传因素而获得的素质，主要包括感觉器官、神经系统和身体其他方面的一些生理特点；后天素质是通过环境影响、教育和社会实践逐步养成的比较稳定的能力、行为方式的集合。

素质的内涵比较宽泛，包括身体素质（体质和健康）、心理素质（认知、感知、记忆、想象、情感、意志、态度、兴趣、能力、气质、性格、习惯），道德素质、政治素质、专业素质等多个方面。素质一旦形成就会相对稳定，素质也是员工提供高绩效行为或工作结果的基础和前提。

2. 素质测评

素质测评是指测评主体采用科学的方法，收集被测评者在主要活动领域中的表征信息，针对某一素质测评指标做出量值或价值的判断过程，或者直接从所收集的表征信息中引发与推断某些素质特征的过程。

（二）素质测评的方法

素质测评就是对素质进行测量与评定，其中素质是对象，测评是行为。素质测评就是一个对测试者的能力和水平进行测评的过程，在这一过程中测评主体会采用多种技术和方法，并会对测试者的能力进行量化描述。

在素质测评的过程中，测评主体往往在组织人力资源管理目的的指导下，依据岗位胜任力，借助一定的测评手段和方法，多方面系统的测量和评价被测者的能力。目的是客观、全面、深入了解被测人员，为组织开展人力资源工作、做出决策提供依据。

1. 心理测验

心理测验是通过观察个体的少数有代表性的行为，对于贯穿在个体行为活动中的心理特征，依据确定的原则进行数量化分析的一种科学手段。

心理测验的分类如图 3–3 所示。

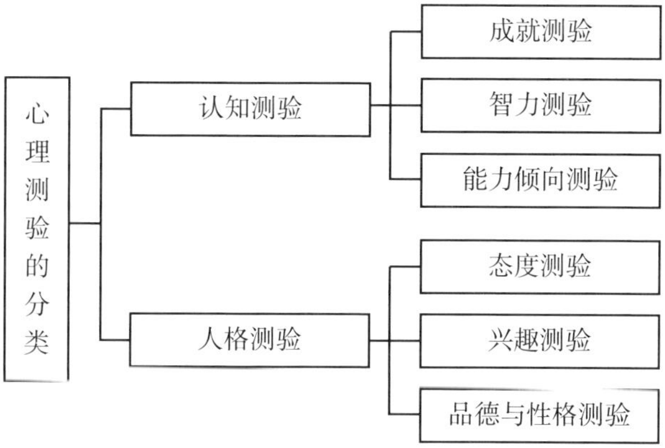

图 3–3　心理测验的分类

2. 面试

（1）面试的概念

面试是一种经过精心设计，在特定场景下以面对面的交谈与观察为主要手段，由表及里测评应试者有关能力的一种方式。

通过面试的定义，可以对面试有大致的理解，如图 3–4 所示。

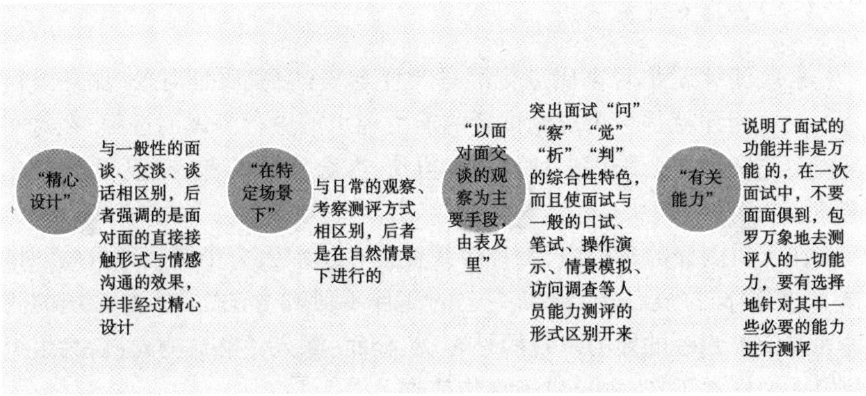

图 3-4　根据定义对面试的理解

（2）面试的特点

与其他测评形式相比，面试具有自己的相对独特之处。面试的特点见图 3-5。

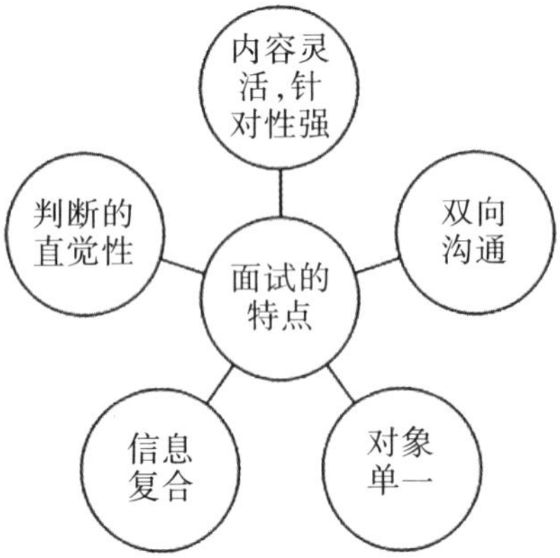

图 3-5　面试的特点

（3）面试的分类

面试方式根据不同的划分标准可以有多种类型。

表 3-1 是按照不同标准对面试进行的分类。

表 3-1　面试的分类

分类标准	具体分类	定义
面试流程	系列性面试	候选人依次经过一系列的面试
	依序面试	按初试、复试与综合评定的顺序进行的渐进性面试

续表

分类标准	具体分类	定义
面试形式	单独面试	主考官个别地与应试者单独面谈
	小组面试	应征者较多时,可将其分为若干小组,就一些问题展开讨论,主考官进行观察评价,加以甄选
面试标准化程度	结构化面试	又叫模式化面试。事先准备好一份问题的清单,主考官严格按该清单上所列的问题按部就班地发问,然后结合标准答案对应聘者的表现打分
	非结构化面试	在面试中事先没有固定框架结构,也不对被试者使用有确定答案的固定问题
	半结构化面试	介于结构化面试与非结构面试两者之间,事先只是大致规定面试的内容、方式、程序等,允许主试人在具体操作过程中根据实际情况进行调整

在这些面试形式中,结构化面试是非常常见的一种形式。结构化面试的特点如图 3-6 所示。

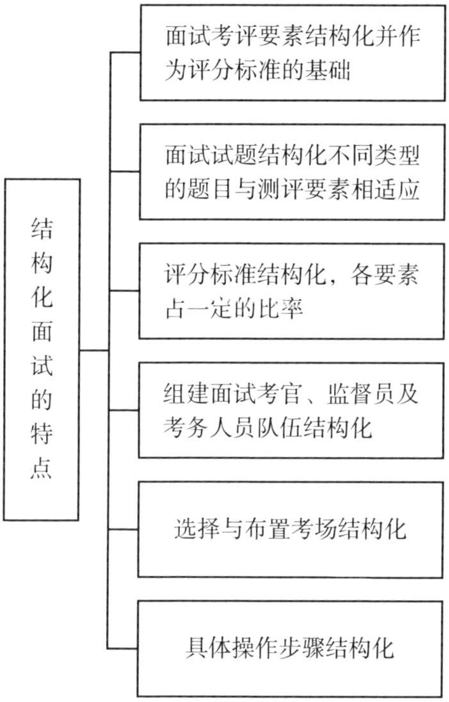

图 3-6　结构化面试的特点

（4）面试的主要内容

面试内容一般包括通用测评项目和专业测评项目两部分。通用测评项目是任一职位测评人员能力时都需要的测评项目，包括个人信息、仪表风度、工作经验、进取心、语言表达能力、人际关系等；专业测评项目是针对特定职位或特殊用人需要而必须测评的项目，主要指专业知识和专业技能，面试内容也更接近岗位或工作对专业能力的要求。

（5）面试的题型

①背景性问题

背景性问题是关于应试者个人背景、家庭背景、教育背景、工作背景等方面的面试题型。一方面，缓和应试者的紧张情绪，形成考官与应试者之间的融洽交流气氛，使应试者能够随后发挥出最佳水平；另一方面，从应试者的回答中发现考官感兴趣的问题，为以后提问收集话题。

②行为性问题

行为性问题是通过要求应试者描述过去的某个工作或生活经历的具体情况来了解应试者各方面能力特征的一种题型。此类问题的前提是基于过去表现来预测未来表现，了解应试者在特定情景下特定的完整事件中的行为及其效果。

③智能性问题

智能性问题是通过提出一些比较复杂或有争论的问题，让应试者阐述自己的看法，目的是考察应试者思维的逻辑性、严密性，思维的广度和深度，综合概括能力，分析比较能力，推理能力，观察力和知识面等。考官对这类问题的评判，不能以应试者的回答与考官的理解是否一致为标准，而要考察应试者是否能自圆其说，令人信服，及其意思的表达是否清晰，有逻辑。

④意愿性问题

意愿性问题考察应试者的求职动机与拟任岗位的匹配性，应试者的敬业精神与价值取向等要素。

⑤情景性问题

情景性问题是通过设计一个假设的情景，让应试者解决情景中出现的问题，考察应试者的应变能力、协调能力、情绪稳定性、人际交往能力与技巧等能力的一种题型。

⑥压迫性问题

压迫性问题主要考察应试者在紧急情况下的快速反应能力、妥善解决问题的能力及情绪的稳定性。一般提问形式为假设一种意外情况要求应试者立即处理,问应聘者设想的解决方案是什么;或者对应试者提出一些刁难性问题,看应试者如何解决。

3. 评价中心

(1)评价中心的概念

评价中心是以测评被测人员管理能力为中心的一组评价活动。它将被试人纳入一种创设的逼真场景中,让其完成该情境中的各种工作,通过这一过程来对被试人进行评价。

(2)评价中心测评的主要形式

①文件筐测验

在评价中心中,文件筐测验是最重要的一种技术,处于核心地位。具体来说,就是让应试人在一定的时间内处理一系列的文件或者事情,并对具体行为进行解释,主试人根据应试人的表现对其各种能力进行评价。

文件筐中待处理的文件大致可以分为三类:第一类是工作中已有正确结论的,这类文件便于对应试者处理结果的有效性进行评价;第二类是某些条件和信息尚不完整的文件,这类文件主要测试应试者是否善于提出问题,以及进一步获取信息的能力;第三类是文件处理的条件已具备,要求被试者在综合分析的基础上作出决策。

②小组讨论

小组讨论主要包括两种形式,分别为有领导小组讨论和无领导小组讨论。

有领导小组讨论是主试人指定某个应试者为小组中的领导,被指定的领导主持整个讨论并形成决议。这种方式与实际情形较为接近,能够测评应试者的各种技能。但是,有领导小组讨论要求每位应试者都做一次领导,比较费时间。

无领导小组讨论是评价中心常用的一种测评方法。从字面的意思就能看出,无领导小组与有领导小组讨论很明显的不同就是不设讨论的主持人。在这种方法中,应试者被分为 5 ~ 7 人不等的不同小组。主试人会提出一个问题,这个问题一般具有争议或者属于社会热点,应试者根据问题自由讨论,最终形成一致意见。主试人对应试者的表现进行观察。根据其表现对其领导能力等各种素质进行评定。有时,主试人还会隔一段时间发布一些变化的信息，要求各小组重新改变讨论方案，尽快得出统一意见。通过这种压力下的表现，主试人对应试者的思维敏捷性、应变和适应能力、心理承受能力、组织能力、决策能力、控制能力、分析判断能力等进行考察。经过研究，发现在评价管理者集体领导技能时，无领导小组讨论效果明显，尤其适用于测评具体领导者分析问题、解决问题以及决策的能力。

③管理游戏

管理游戏是一种模拟活动，要求应试者完成一些必须合作才能完成的工作，通过应试者在具体活动中的行为表现，对其能力进行测评。

在管理游戏中，被测者的能力能够通过活动体现出来。它能够突破实际工作中时空的限制，也具有趣味性，同时具有认知社会关系的功能等。由于在管理游戏中被试者会忽略一些管理原理的学习，不便观察，也会花费较多的时间。

④角色扮演

角色扮演是指在一个模拟的人际关系环境中，设计一系列尖锐的人际矛盾与人际冲突，要求被试者扮演某一角色并进入角色情境中去处理各种问题和矛盾。主试人通过对被试者在不同角色情境中表现出来的行为进行观察和记录，评价应试者是否具备所需的潜能。主试人对角色扮演中各种角色的评价，一般包括图 3-7 中的几项内容。

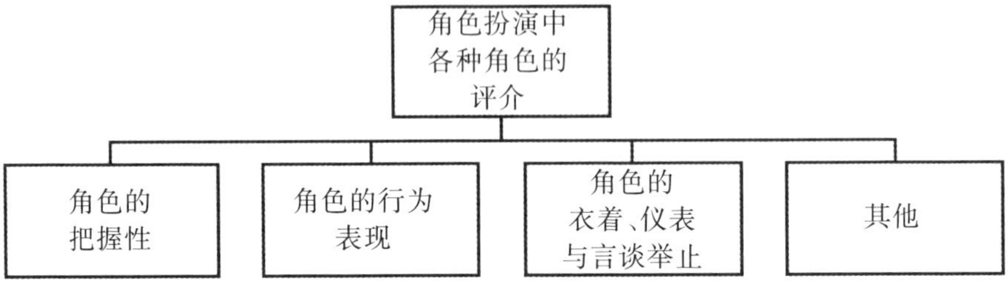

图 3-7　角色扮演中各种角色的评价

⑤模拟面谈

模拟面谈也属于角色扮演。扮演角色的人一般为主试人的助手，需要扮演的角色通常为可能与被试人在工作中发生关系的角色，可能是被试人的下属，也可能是被试人的客户，通过扮演角色与被试人进行谈话。在谈话过程中，主试人根据被试人的表现考察其思维、语言及反应能力等。

模拟面谈有自己的优缺点，如图 3-8 所示，在使用时，要把握其优缺点，根据实际需要选择，并尽量发挥其优点，避免其缺点发生影响。

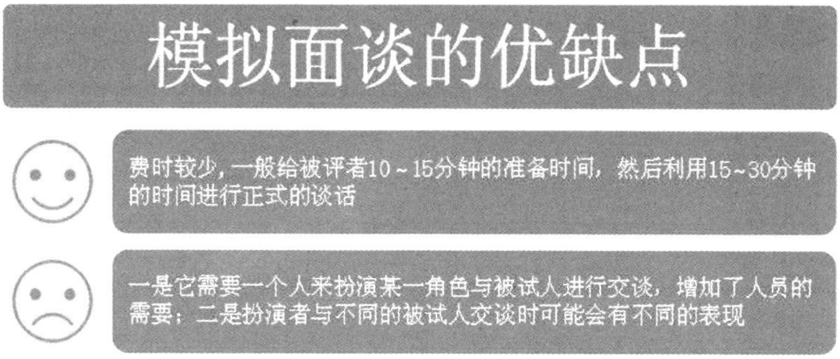

图 3-8　模拟面谈的优缺点

第四节　企业人才的录用决策

一、企业人才录用的策略

企业根据人员甄选的结果做出录用决策并进行安置的活动就是录用。其中，做好录用决策是非常关键的。在做录用决策时，要严格遵守相关原则，避免受主观方面的影响，运用多种方式进行综合评价，优中选优，确定要录用的人员。

一般来说，人员录用的主要策略有三种，具体如图 3-9 所示。

二、企业人才录用的流程

（一）背景调查与体检

1. 背景调查

背景调查是人力资源录用的其中一环，组织往往为了做出正确的录用决策会对拟招录人员进行背景调查，组织通过背景调查所得到的拟录用人员的个人及家庭信息属于公民隐私，必须合法获得并合理利用。现在人们保护隐私的意识越来越强，组织势必要保护好拟录用人员的个人隐私，不可侵犯求职者的隐私权。

背景调查内容一般包括求职者的毕业学位的真实性、任职资格证书的真实性和有效性、既往工作经历的真实性等，组织可以多方面进行调查但不必面面俱到。调查核实简历或申请表上的所有内容是不现实的，这样既费时又费钱，而如果招聘者调查的事情与工作无关，则有可能因此而惹上麻烦。

多重淘汰式

- 每种测试方法都是淘汰性的，应聘者必须在每种测试中都达到一定水平，方能合格。多重淘汰法是将多种考核与测验项目依次实施，每次淘汰若干低分者。对全部考核项目全部通过者，再按最后面试或测验的实得分数排出名次，择优确定录用名单

补偿式

- 不同测试的成绩可以互为补充，最后根据应聘者在所有测试中的总成绩做出录用决策。如分别对应聘者进行笔试与面试选择，再按照规定的笔试与面试的权重比例，综合算出应聘者的总成绩，决定录用人选。值得注意的是，由于权重比例不一样，录用人选也会有差别。最后的录用决策是谁，关键要看不同项目的权重系数。

结合式

- 在这种情况下，有些测试是淘汰性的，有些是可以互为补偿的，应聘者通过淘汰性的测试后才能参加其他测试

图 3–9　人员录用的策略

2. 体检

体格检查通常是选拔过程后紧接着的一个步骤。符合招聘要求且被组织聘用的人员需要在规定时间到组织指定的医院或医疗机构去进行体格检查。体检一般是自费的，求职者要将体检结果交给组织，组织根据体检结果最终确定是否录用。

（二）录用

录用程序比较烦琐，包含了决定录用人员、通知录用人员、签订试用合同、人员的初始安排、试用、正式录用等关键性的内容。概括来讲，新

人录用程序可以分为以下几个步骤。

1. 录用通知

录用通知的首要步骤就是公布录用名单,这一步骤要靠录用标准和录用决策的相关程序来进行。在公布录用名单之后,接下来要进行的工作就是办理录用手续。

录用手续应当在劳动人事行政主管部门进行办理,并且在办理时应当提供足够的资料以证明录用职工具有合法性,只有这样才能受到国家有关部门的承认,并且使招聘工作受到劳动人事部门的业务监督。办理录用手续需要新员工真实的个人信息,包括员工姓名、年龄、性别、民族、籍贯、文化程度、政治面貌、个人简历等。

办理完相关的录用手续,下一步的工作就是录用通知的实际操作。事实上,很多企业也在办理录用手续之前进行录用通知的发放。

2. 签订劳动合同

劳动合同一般分为两种,一种是试用合同,另一种是正式的劳动协议。一旦签订相应的劳动合同,就表示企业与应聘者之间正式确立了雇佣与被雇佣的劳动关系,同时产生法律效力。因此,对劳动合同的签订应当慎之又慎。

在试用合同中,双方应当明确试用时间期限、试用期间的待遇以及相应的岗位安置等。在正式的劳动合同中,双方则应当正式敲定合同期内的薪资待遇、保险福利、岗位职能、违约处罚等内容。一般正式劳动合同的期限为一年,也可以根据双方的意愿适当延长期限。

3. 新人安置

在新员工正式进入企业之后,人力资源部门要及时为其安排相应合适的职位。一般情况下,新员工的职位与在招聘信息中发布的岗位是对应的,如果必要,也可以根据实际的情况进行调整,但是要遵循用人所长、人适其职的原则,使人与事的多种差异因素得到最佳配合。

三、企业人才的试用

企业执行人才试用期到转正期，其实是双方的磨合期、缓冲期以及考察期。如果不符合企业的用人要求，那么，企业可以在试用期结束后，就解除劳动关系。

第四章

现代企业员工的培训与开发

员工的整体素质决定了现代企业的发展前途，为了提高员工素质，企业会制定一定的培训计划，为员工提升自我提供渠道。现代企业对员工进行培训与开发，提升员工整体素质，充分发挥人力资源对现代企业的重要作用，为现代企业的发展提供了智力支撑。

第一节　员工培训与开发概述

一、培训与开发的含义

培训与开发是企业进行人力资源管理时经常会提到的。通常，人们总是把培训与开发（Training and Development，T&D）放在一起，其实两者之间是有区别的。

传统观念中，培训与开发的区别见表4-1。

表 4-1　培训与开发的区别

名称	目的	内容	对象	特点
培训	侧重于近期目标，提高员工当前工作的绩效	开发员工的技术性技巧，以使他们掌握基本的工作知识、方法、步骤和过程	员工与技术人员	具有一定的强制性
开发	帮助员工为企业的其他职位做准备，提高其面向未来职业的能力，同时帮助员工更好地适应由新技术、工作设计、顾客或产品市场带来的变化	培养提高管理人员的有关素质（如创造性、综合性、抽象推理、个人发展等）	管理人员	对认定具有管理潜能的员工才要求其参加，其他员工要有参与开发的积极性

随着时代的发展，培训的作用日益突显和重要，目前两者界限已经没那么明显，无论是培训还是开发，都是企业与员工未来发展的需求，无论是什么员工，也都必须接受培训与开发。

二、员工培训的意义与特点

（一）员工培训的意义

在知识经济时代，信息技术得到了前所未有的发展，知识更新的速度不断加快。人才要不被淘汰，必须不断学习，企业要想在全球化的竞争中立于不败之地，必须依靠高水平的人才。因此，不论是企业，还是员工，都有着培训的需求，而且，对员工进行培训确实有着重要的意义，可以实现员工素质的提升，企业竞争力的增强以及效益的增加。

1. 培训能够提高员工的职业能力

员工要胜任工作，必须掌握一定的职业能力，而培训是员工掌握职业能力，不断提高职业能力的重要途径。对于员工来说，面临着未来工作的新要求，必须掌握更丰富的知识，并具备创新能力，这样才能适应时代发展的要求。通过培训，员工可以获得知识的更新，从而提高工作能力，也有了晋升和加薪的可能。

2. 培训有利于企业获得竞争优势

企业无时无刻不面临着激烈的竞争，要在竞争中脱颖而出，必须具备高水平的人才。尤其是进入了知识经济时代,知识在企业发展中的作用日益显著,企业的员工必须具备广博的知识,还要具有研发新产品的能力。通过培训,企业员工可以积累知识、激发创造力,从而具备适应未来发展的职业能力。员工职业能力获得提升,就能在工作中提升效率,也能创新方法和技术,这些都是企业宝贵的财富,对企业在内外环境中的生存发展至关重要。因此,员工培训有利于企业获得竞争优势。

3. 培训有利于改善企业的工作质量

企业的工作质量对企业的可持续发展非常重要。只有工作质量改善了,企业才能提供好的产品和服务,才能在市场上有足够的竞争力,也才能在市场上立于不败之地。通过员工培训,员工在意识、知识和技能方面都得到了提升。员工在工作中更加负责、有干劲,工作更加熟练,提供的产品和服务更加优质,这也就改善了企业的工作质量。

4. 培训有利于构建高效工作绩效系统

随着知识经济时代的到来,企业中员工的角色发生了巨大的改变。以往的企业中,员工只是接受任务然后完成就行,而在现代企业,员工扮演着越来越多的角色,既要收集信息、还要共享信息,既要具备专业技能,还要具备人际交往能力。尤其是互联网技术的发展与应用,对员工提出了新的技能要求。员工接受培训,掌握时代所要求的相关技能,能够运用新的技术手段,更高效地处理工作中的问题。由此可以看出,培训有利于构建高效的工作绩效系统。

5. 培训满足了员工实现自我价值的需要

员工在企业中付出劳动获取薪酬福利,这满足了员工生存的需要。除此之外,员工还有更高级的追求,就是实现自我价值。实现自我价值,要求员工不断提高自我,不断迎接挑战。员工培训可以提高员工的技能水平和综合能力,有利于其自我价值的实现。

(二)员工培训的特点

员工培训具有鲜明的特征,具体有图 4-1 中的几种。

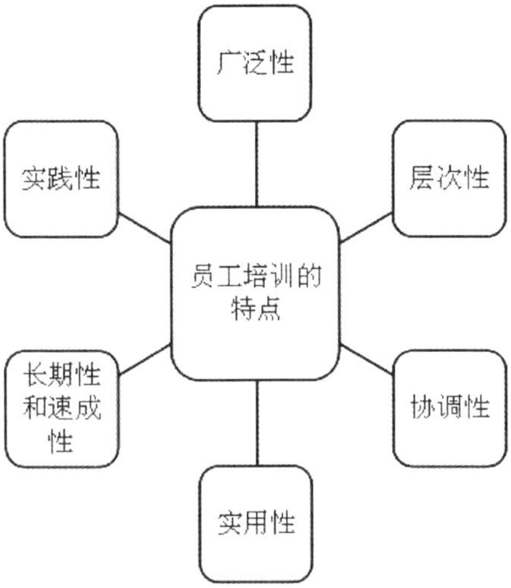

图 4-1 员工培训的特点

1. 广泛性

员工培训的对象、培训的内容、培训的方式和方法都具有广泛性。无论是普通员工还是管理者，都需要接受培训，这是培训对象的广泛性；培训的内容有知识、技能和态度，这是内容方面的广泛性；根据培训对象和培训内容的不同，需要采取不同的方式与方法，这是培训方式与方法的广泛性。

2. 层次性

层次性是指员工培训具有不同的深度。企业有不同的发展战略，企业中的岗位不同，这些对知识与技能的需求不同，因此，决定了培训也要根据这种不同而进行，体现了培训的层次性。

3. 协调性

员工培训是一个系统，协调性是指员工培训要与企业发展的战略要求相协调，要与企业的发展现状相协调，还要与员工的数量和现实情况相协调。只有各个方面协调，才能保证员工培训的预期效果得以实现，也才能保证员工培训的顺利进行。

4. 实用性

员工培训要实现一定的目的，最直接的就是提高员工的技能水平，进而提高企业的生产效率，增加企业的效益，这就是员工培训实用性的最直接体现。员工通过接受培训，增长了知识，提高了技能，最根本还是要学以致用，将通过培训获得的知识，应用于实际的工作之中，为企业的发展做出实实在在的贡献。

5. 长期性和速成性

当今时代，人们必须不断进行学习才能掌握新知识，适应新形势，这就决定了员工培训的长期性。员工培训具有一定的针对性，是根据企业或员工的现实需求开展的，能够快速提高员工的技能，满足企业发展的需求，因此具有速成性特点。

6. 实践性

培训是对员工的培训，员工培训的目的是为员工工作实践服务，因此员工培训具有实践性。要联系工作实际，采用有启发性的培训方法，使员工获得相关的技能，并能用于工作实践中。

三、员工培训的内容与形式

（一）培训的内容

员工培训的内容与形式必须与企业的战略目标、员工的职位特点相适应，同时考虑适应内外部经营环境变化。一般地，任何培训都是为了提供员工在知识、技能和态度三方面的学习与进步。

培训的内容如图 4-2 所示。

（二）培训的组织形式

培训的目的、内容和对象不同，需要采取不同的组织形式。培训的形式是多种多样的，根据不同的标准有不同的分类形式。一般来说，培训常见的组织形式有图 4-3 中的以下几种。

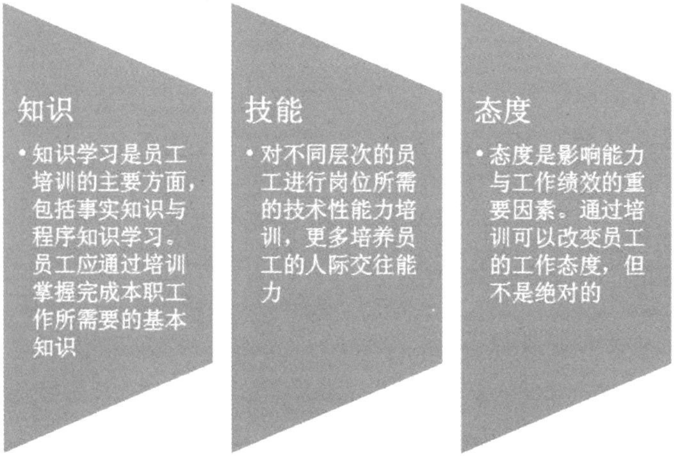

图 4-2　培训的内容

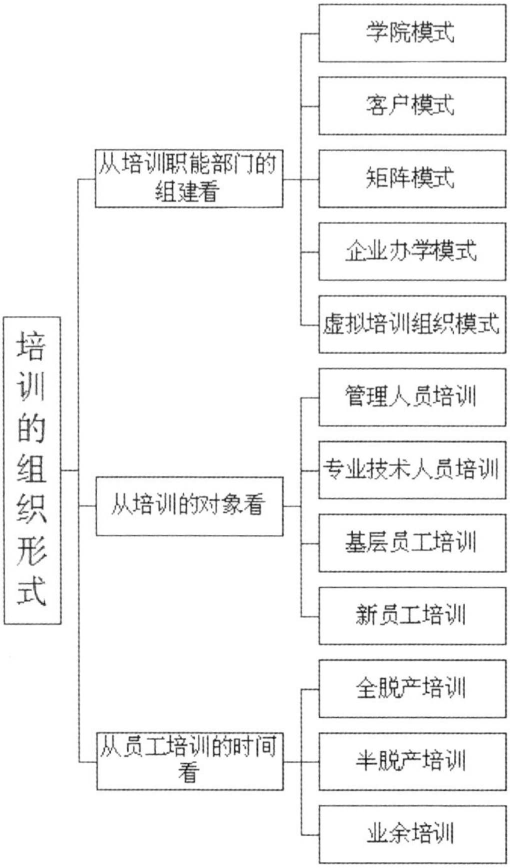

图 4-3　培训的组织形式

四、培训的目的及影响因素

（一）培训的目的

企业进行培训的安排一般有两大目的，分别是从员工和企业出发的。对员工来说，培训为他们提供了继续学习的机会，有利于他们提高知识、技能和观念，从而增强自身竞争力；对于企业来说，通过培训，员工素质得到提高，从而带动企业整体劳动生产率的提高，创造更大的经济效益。一般来说，在这两种目的有更大的交集时，培训的效果会越明显。

（二）影响企业培训的因素

企业培训效果受多方面因素影响，基本贯穿于培训的整个过程。

1. 培训内容

培训内容是否具有针对性，应从两个方面进行考虑：第一，培训内容是否与企业战略、业务或变革等相适应；第二，培训内容是否满足岗位工作的需要，能否帮助员工解决工作问题等。

2. 培训实施者

培训的实施者对企业培训的影响作用巨大。整个培训工作的具体安排都是由培训实施者决定的，因此培训实施者的素质会对培训效果产生影响。因此为了使员工培训取得成效，必须对培训实施者的能力有一定的要求，必要时也需要对培训实施者进行专业培训。

3. 培训方式

培训方式多种多样，每种培训方式的效果不同。培训方式的选择一般是以培训对象及培训内容为依据的。选择了培训方式之后，要针对培训方式的特点，采取一定的措施，保障其优点的发挥，尽量减少培训方式自身的缺陷带来的影响。

4. 培训时机

培训要掌握一定的时机。时机合适，取得的效果往往就较好。如在员工都渴望接受培训的时间进行培训，员工的学习积极性就高涨，培训的效果也就越好。

5. 培训规模

规模是指每次参与培训的人数，培训规模对培训方式、培训地点（环境）、培训成本等均会产生影响。

6. 培训师

培训师是开展培训的授课主体，其知识丰富程度、语言表达方式、授课形式等均对培训效果产生影响。培训师可以来源于企业内部，也可以来源于企业外部，其选择主要受到培训内容和培训费用的影响。

7. 培训成本

成本是培训必须考虑的基本出发点。就企业和员工来讲，培训需求是多方面的，要在既有的培训成本范围内，组织安排培训内容、方式等，以达到最佳的培训效果。

8. 培训地点与环境

培训的地点与环境也会影响培训的效果。在选择培训地点与环境时，要考虑培训的目的、内容和对象，根据培训的具体需要选择合适的地点与环境，为员工培训提供良好的条件。

第二节　员工培训与开发系统的构建

员工培训与开发是一项系统工程，精心设计和有效的员工培训与开发系统十分重要。

一、企业培训工作的系统性

企业培训是企业人力资源开发的手段，是从组织目标出发，基于岗位分析和企业人力资源现状分析，根据人力资源规划的部署，辅之以绩效管理、薪酬奖励、个人职业发展等手段而设计的一个旨在综合提升公司竞争力的体系。很多培训的效果不尽如人意，一个很重要的原因是企业对培训工作缺乏总体的战略规划，对培训管理的各个环节缺乏规范性，没有把培训与企业发展结合起来。也就是说，企业培训必须融入企业的整个经营管理活动中，保持与企业经营管理活动的一致性，同时又自成体系，具有一定的规范性和系统性。

（一）企业培训必须以企业战略为导向

企业战略决定了企业核心竞争力的基本框架，从而明确了各个岗位职能及其对任职者的能力素质要求，可以依此对企业人才素质现状进行诊断，预测企业对人力资源的需求，有针对性地进行人力资源的储备和开发。同时必须了解企业当期工作的重点，对培训需求进行认真分析，对员工培训的内容、方法、师资、课程、经费、时间等有一个系统、科学地规划和安排，从而使培训方案既符合企业整体发展的需要，又满足企业目前的工作需要。

成功的企业培训，不能只看到眼前的成本支出，还要重视远期的收益，企业培训必须与企业总体战略、经济目标、企业文化保持一致，要有计划、有步骤地进行，既要有长期战略，又要有近期目标，并制定切实可行的方针、制度和培训计划，着力把人才培训当作长期的系统工作来抓，做到用培训去促进企业发展，用培训去引导企业发展。

（二）培训工作需要企业各方面的配合和支持

培训工作是企业整个经营管理活动的一部分，需要上至高层领导、下到普通员工以及各个部门的配合和支持。

企业内部各部门都有自己的工作计划和工作任务，经常需要彼此配合和支持，培训部门的工作更是如此。培训计划的设计来自于企业各部门对培训的需求，如果各部门无法提供准确的培训需求信息，培训计划就缺乏针对性。在培训实施过程中，往往需要参加培训的员工特别是脱产培训的员工暂时停止正在从事的工作，如果完全按照培训部门的计划进行，可能会影响到某部门工作的进度，而按照某部门的意见参加培训，可能又与其他部门的工作相冲突，因此培训的实施事先要与各部门做好沟通和协调，既不影响各部门的重点工作，又能保证整个企业培训计划有序地进行。在培训结束后，受训学员回到各自的工作岗位，培训成果的转化更需要各部门主管为受训学员提供适当的机会，并进行督促和提供帮助，才能使培训的成果转化为实际的绩效。

因此，企业培训工作必须与企业经营管理的工作重点相一致，与企业各个部门做好沟通和协调，做到系统规划、统筹安排、集中管理。当然，良好的员工培训体系能否得到很好的贯彻落实，还依赖于企业健全的培训政策和完备的制度，特别是需要企业高层领导者的倡导和支持，需要培训师的艰苦努力，还需要员工积极的配合和长期系统的训练。

（三）培训管理活动本身自成体系

企业培训管理除了要与整个企业的经营管理相结合，还要充分考虑培训工作本身的特点和要求，以构建完整的培训管理体系。一般来讲，企业培训体系的构成包括以下方面。

1. 企业培训组织机构和人员的设置

多数企业的培训管理职责是由人力资源部门负责的，但随着企业的不断发展和壮大，企业的组织架构变得越来越复杂，这就需要对培训管理机构和人员进行重新设计和调整。大型的企业可以考虑设立由公司高层管理人员和相关部门负责人组成的培训管理委员会，主要负责制定与公司发展相适应的人力资源开发战略和相关的培训政策和制度；由独立的培训部或培训中心负责具体的培训职能工作，制定具体的培训计划，开展培训运营和管理。

2. 培训管理制度建设

企业的培训战略和培训政策为企业培训指明了方向，还需要通过具体的培训管理制度和措施使培训战略和培训政策具体化。培训管理制度就是把培训政策分解并细化成制度化的条款，使培训管理工作内容和工作流程更加稳定和规范，从而保证培训的质量。企业培训制度一般包括岗前培训制度、培训考评制度、培训服务制度、培训奖惩制度等基本内容。

3. 培训流程体系建设

一项完整的培训是由一系列工作组成的，包括培训需求的分析、培训计划的制定、培训方案的实施和培训效果的评估。这几个部分互相制约和影响,构成培训工作的流程体系。

4. 培训课程体系的建立

培训内容是根据公司长期发展战略和当期的工作重点设计和开发的,这些培训内容可以按照不同的业务内容、不同的管理层次、不同的培训对象等标准分成许多类别,形成培训课程体系。只有完善的培训课程体系才能满足企业和员工个人多层次、全方位的培训需求。

5. 培训师资体系建设

培训师资的水平直接关系到培训质量,培训师可以从企业外部聘用,也可以从内部培养。目前,企业内部培训师的培养越来越受到重视。培训师资体系建设包括培训师的选拔、聘用、培养、考核和评估等内容。

6. 培训设施与设备的管理

企业培训的开展需要借助一定的物资完成,对有关培训设施与设备进行管理和维护也是培训工作的一项内容。

建立和完善有效的培训体系,是当前许多企业培训工作的核心任务,也是培训系统性的必然要求。

二、员工培训与开发项目的程序设计

员工培训与开发项目是根据企业的人才培养规划,针对某一特定的目标,在培训需求调查的基础上,制定的员工培训与开发活动方案。

一些培训与开发项目可能只是一次培训课程的实施,而还有些培训与开发项目则是由一系列培训课程和相关活动组成,有时还需要跨年度甚至持续几年时间才能完成。有效的员工培训与开发项目的设计与实施需要以企业整个人力资源的战略规划为基础,是企业长期人才培养战略的具体化。因此,员工培训与开发项目的设计必须以企业培训需求调查为依据,既要结合企业中长期的人才培养规划,与企业其他人力资源管理政策相配套,还要关注企业当前的工作重心,同时,还要考虑企业自身现有的资源的支持程度,员工培训与开发项目的实施需要企业内部各部门的支持和配合。可以说,员工培训与开发项目的设计与实施过程是一个沟通和协调的过程。[①]

不同的培训项目,由于目标和内容不同,在程序设计方面可能会有所差异,但总体上来讲,大致包括四个阶段:培训需求分析、确定培训目标、制定培训计划并组织实施、培训效果评估。

第一阶段:培训需求分析。

开展培训的第一个步骤就是要明确是否需要培训以及需要培训什么。培训需求分析是整个培训与开发工作流程的出发点,其准确与否直接决定了整个培训工作有效性的大小。培训需求分析包括组织分析、任务分析和工作绩效分析三方面。

第二阶段:确定培训目标。

一旦确认了培训需求,就应据此确定具体的培训目标。培训目标应清楚地说明受训者通过培训所需掌握的知识、技能以及所需改变的态度和行为。良好的培训目标应能向受训者清楚地说明他们在培训结束后应完成的任务或达到的标准。培训目标为培训计划的制定提供了明确的方向和依据。有了培训目标,才能确定培训对象、培训内容、培训时间和培训方法等具体内容以及对培训效果进行评价。培训目标应具有确切性、可检验性和均衡性。

第三阶段:制定培训计划并组织实施。

第一步:编制培训计划。

培训计划是关于培训活动内容和顺序的一个指南,包括整个项目周期内将要进行的各项活动先后次序以及管理细节。一般来讲,一份项目计划书由项目背景、培训对象、培训将解决的问题、培训时间安排、培训评估方案、培训项目预算、培训将达到目标和预期的收益构成。

在培训项目实施之前,尤其需要注意的是,培训管理人员必须把培训评估的方案确定下来,包括培训评估的目的、培训评估的范围、培训评估的层次、培训评估的方法和评估的标准,以便保证培训结束后能及时对培训效果做出评价。

第二步:估算成本。

一般来说,培训的成本包括直接成本和间接成本,其中直接成本包括课程开发费、讲师费、资料费、场地和设备租赁费、用餐住宿费和交通费、其他杂费等;间接成本包括学员工资福利、培训管理人员工资福利、

① 郗亚坤,曲孝民.员工培训与开发[M].沈阳:东北财经大学出版社,2019.

内部设施使用费用分摊等。

第三步：项目沟通与审批。

培训计划的编制完成以后，要进行培训项目的申请与审批，即报请培训主管机构或上级主管人员进行审核，决定培训项目是否执行。培训项目的设计和实施过程也是一个沟通协调的过程。

第四步：培训师的选择与确认。

制定培训师的选择标准；培训师面谈和考查；确定培训师；安排培训师作课前调研。

第五步：培训内容和方法的开发和确认。

对培训内容进行二次开发；对培训内容和方法进行审核；与培训师沟通评估要求。

第六步：编制教学计划。

对整个培训教学的内容和时间安排具体化，确定培训内容和培训方法等。

第七步：培训行政准备。

培训行政准备主要是对培训前的各项事务性工作的准备和安排，例如培训场地和设备的安排、教学资料的准备、培训学员的食宿安排及其他行政准备工作。

第八步：实施培训项目。

根据培训计划落实培训项目，主要是做好培训过程中的沟通、协调与监控工作，及时处理突发事件，做好培训师与学员之间的桥梁工作，保证培训项目的顺利完成。

第四阶段：培训效果评估。

第一步：收集各主要阶段评估数据，起草总结报告。

在培训整个过程中，要注意收集相关的信息，并根据培训评估方案，对培训过程和培训结果进行评估，起草培训总结，提出改善建议。

第二步：归档各类资料。

培训的资料包括调研资料、课程开发资料、管理资料以及评估资料等，在培训结束后，要收集这些资料，并做好归档工作。

第三步：培训效果沟通与反馈。

企业在实施员工培训之后，需要了解培训的效果。因此，做好培训效果的沟通与反馈很有必要。一般来说，人力资源管理人员、管理层、受训人员、受训人员的直接领导是必须得到培训效果评估结果的。了解之后，有利于培训工作的进一步开展以及培训效果的应用与提升。

第四步：调整培训项目。

在收集到培训的相关信息之后，要进行认真分析，发现培训中出现的问题，找出培训中存在的不足，根据现实需要及时对培训进行调整，也便于积累经验，为下一次的培训提供参考和指导。

三、员工培训与开发信息系统

员工培训与开发信息系统指通过现代信息技术手段，对企业员工培训与开发信息进行收集、传递、保存、加工、维护和使用的系统，它是企业人力资源信息系统的组成部分，其目的是为制定员工培训与开发计划提供依据，加强对培训与开发的过程控制和培训效果的反馈，并且实现培训资源的共享，从而增强培训效果，提升人力资源管理效率。

（一）员工培训与开发信息系统的建设

传统的培训与开发信息管理多数是以手工操作为主，主要是建立人工的档案管理和索引卡片系统。这些做法对于一些规模较小的企业非常有效，但随着企业规模的扩大，信息量急剧增加，大量的手工操作使管理人员陷入日常的琐事中，也无法有效实现信息的广泛应用。

计算机技术和网络技术的发展与应用，使企业的管理发生了变化，越来越多的企业开始走向管理信息化。各企业要根据自身的特点和实际情况，选择信息化系统，建立数据库和人力资源管理信息系统，在此基础上建立员工培训与开发系统，实现培训与开发的电子化。

培训信息的电子化需要具有相关的软硬件条件支持，需要投入一定的资金，对于没有能力购买现成管理软件的企业，培训管理人员也可以利用办公软件自行设计一些应用程序，收集和整理相关的培训信息，同样可以大大提高管理的效率。

当然，除了现代的信息管理，传统的文档资料也是同样重要的，培训过程中涉及的报告、文件等许多文本，在培训结束后，要作为凭证、文件来立卷、归档保存起来，以便需要的时候进行备查。

员工培训与开发信息系统的建立依赖于一定的物质基础，同时，还要建立相关的管理制度，包括内部培训信息的交流和沟通制度、培训档案的管理制度等，使培训信息的收集、整理和使用规范化和制度化，保证员工培训与开发信息系统的有效运转。

（二）员工培训与开发信息管理的内容

1. 员工培训档案

员工培训档案是对员工培训情况的记录，通过员工培训档案，可以了解员工的工作技能水平，以及参与培训的情况。在考察员工时，员工培训档案发挥着重要的作用，有利于员工调动时参考和跟踪培养。

2. 培训资源信息

培训资源信息主要包括企业为培训提供的资源信息，除了设施和设备情况外，更主要的培训资源信息应该包括：根据公司的培训规划开发相应的培训课程体系，有关课程信息包括课程的名称、课程简介、授课的对象以及课程的评价等内容；培训师资料库，主要是内部培训师的基本信息，包括个人基本情况、授课的时间、级别、可授课程、授课次数与时数等；培训供应商资料库，包括培训公司名称、性质、关键 / 优势业务领域、地址、联系人、联系方式、供应商说明、供应商资质等。

3. 培训管理信息

培训管理信息包括两个方面，如图 4–4 所示。

4. 培训共享信息

现在越来越多的企业开展知识共享，特别是利用现代技术开展在线培训和学习等，这些利用新技术进行的培训，不受时间和地点的限制，重复使用率高，节省费用，形式灵活，越来越受到企业的重视，是现代培训发展的一个重要趋势。培训部门应加强对共享信息的开发，创造更多的信息交流平台和渠道，为员工学习创造条件。

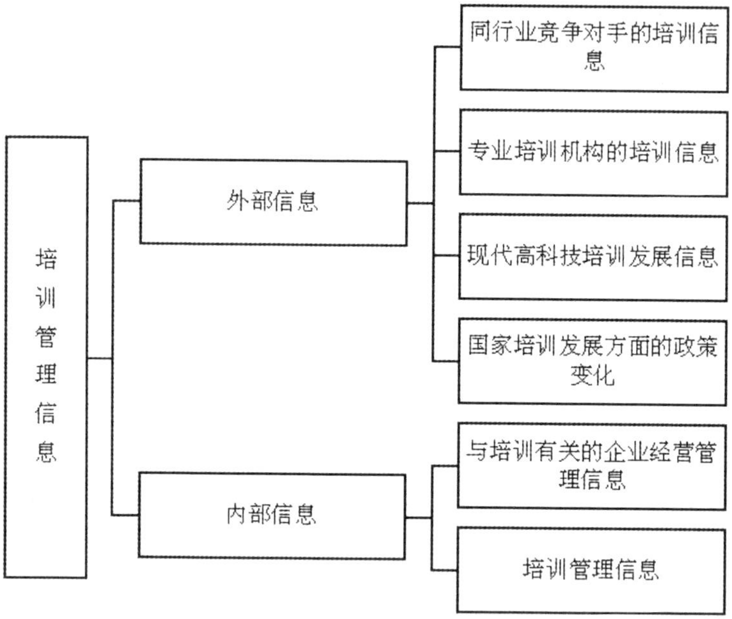

图 4-4　培训管理信息

四、员工培训与开发管理系统

员工培训与开发管理系统主要是培训管理部门根据培训工作的目标，开展培训活动所必须做的一系列工作，主要包括培训的资源建设与管理、培训的日常运营管理和培训的基础行政管理工作。

（一）培训的资源建设与管理

培训的资源建设与管理是培训取得良好效果的保障。

1. 技能体系的管理

员工必须接受特定的工作技能的培养和训练，才能完成独特的工作。因此，先要了解哪些技能是员工所必需的，并把这些特定的工作技能进行系统化，然后再围绕着这些技能进行快速的、持续的培训。建立技能体系，首先要确定员工技能的类别，即一般技能、专业技能、管理技能，还要把这些技能划分为不同的层次，即知识信息技能、基础应用技能、高级应用技能。其次技能体系规划后，要对员工现有的水平进行评价，找出差距，确认培训需求，最后开展培训。

2. 培训课程体系的管理

培训课程体系是根据员工技能体系的要求，并结合企业不同职位类别人员而制定的不同系列的培训课程。课程体系与技能体系相一致，也包括一般技能系列、专业技能系列、管理技能系列，每一系列包括很多具体的培训课程。

3. 培训师的培养与管理

企业培训师的来源有外部的，也有内部的。内部培训师由于比较了解企业的特点及企业文化，能把企业的需要和培训较密切地联系在一起，因而越来越受到企业的重视。但是，内部培训师很多是来自一线的工作人员，没有受过专门的培训技巧等方面的训练，缺乏授课技巧，有可能会影响培训效果。因此，加强内部培训师的甄选、培养、管理与激励，是培训资源管理的重要内容。

4. 培训经费的管理

培训工作需要有一定的经费，要对培训成本进行深入细致的分析和控制。事先进行合理的培训经费预算，事中有效地分配和使用培训费用，并保证专款专用，是实现培训目标的必要保证。

（二）培训的日常运营管理

培训的日常运营管理工作是培训管理工作中的核心环节，需要培训管理部门与企业其他部门沟通，共同合作完成。

1. 培训需求调查与分析

制定培训计划，第一步就是要调查与分析培训需求。培训管理部门要定期对企业进行调查，根据企业发展需求以及员工技能水平情况，分析出培训的需求，为培训计划奠定基础。

2. 培训计划的制定

培训计划涉及培训目标、培训对象及类型、培训内容及方法、培训步骤及具体的安排等，在制定培训计划时，一定要以培训需求调查与分析的结果为依据,做到有根有据。

3. 培训实施

培训在实施时,要多种方式相结合,注意灵活性与多样性。既要根据实际情况,随时对培训安排做出调整,也要采用不同形式,使员工尽可能快速得到提升。

4. 培训效果评估

培训结束后,要对其效果进行评估。培训效果的评估可以为人力资源规划提供依据,还能为参与培训员工提供反馈,也能为培训工作的开展积累经验,便于培训工作的不断改进和完善。

5. 培训管理制度的监督与执行

培训管理制度的建立和健全是考核培训体系完善与否的重要标志,在培训日常管理的各个环节,要严格执行相关的管理制度,才能保证培训的稳定和规范。

(三)培训的基础行政管理工作

培训的基础行政管理工作主要指培训管理部门大量的日常事务性工作,包括培训会务组织管理、培训档案管理、培训设备设施管理及其他日常行政工作,它们是培训顺利进行的基本保障。

培训工作重点应是在战略管理的平台上,更好地完善培训的资源建设与管理工作,细化培训的日常运营管理工作,而非简单地做好培训的基础行政管理工作。

第三节　员工培训需求与培训计划的制定

一、员工培训需求

(一)培训需求与分析概述

1. 培训需求

培训的目的是为了更好地完成组织的使命,而组织的使命对员工的能力有着特定的需求。如果企业有需求，而员工现有的能力难以满足，这就意味着存在培训需求。因此，培训需求可以定义为特定工作的实际需要与任职者现有能力之间的差距。

2. 培训需求分析

综合以往学者对培训需求分析的研究，可以对培训需求分析进行以下概括。培训需求分析是在需求调查的基础上，由培训相关人员采取各种方法与技术，对组织目标绩效与能力结构以及现有绩效和能力结构等进行比较分析，以确定培训开展与否、培训对象、培训时间与培训内容与形式等的一种活动或过程。培训的进行以及培训方案的制定都要以培训需求分析为前提和基础。

（二）培训需求分析的作用

培训需求分析的作用主要体现在以下四个方面。

1. 保证培训工作的有效进行

培训需求分析能够保证培训工作的有序进行，主要体现在三个方面。第一，通过培训需求分析，可以明确企业的培训需求。第二，通过培训需求分析，可以使培训更有针对性，能够满足受训员工的需求，从而实现培训的效果。第三，通过培训需求分析，对于评估培训效果非常有利。通过需求分析可以明确培训需要达到的效果和目的，这样可以得出培训效果评估标准。

2. 获得相关信息

培训对象的信息可以通过培训需求调查来获取，这能为培训的安排提供依据，还可以了解员工对培训的态度。

3. 估算培训成本

通过培训对象、内容以及方案等调查分析，可以初步估算出整个培训的成本。这些成本主要包括人、财、物等培训要素的花费。另外，根据分析得出的有效需求，可以节约培训成本，保证每一个环节的有效性。

4. 有利于获得管理者的支持

管理者在制定政策时，需要大量的信息为依据，通过培训需求分析获得的许多信息都很有价值，可以为管理者提供参考，因此培训需求分析有利于得到管理者的支持。

（三）影响培训需求分析的因素

在培训需求分析过程中，往往会不可避免地受到各种因素的影响。这些因素可以分为常规性因素和偶然性因素，具体如图 4–5 所示。

常规性因素

· 在确定培训需求时需要考虑的一般性因素，主要包括社会发展环境、组织战略和使命、同类组织培训情况、员工个人职业生涯设计、员工考核与评价以及组织资源状况对培训需求的限制

偶然性因素

· 由特殊事件影响培训需求的因素主要包括新员工加入、职位变动、员工绩效下降、顾客投诉增加、发生生产事故、技术水平提高、生产设备更新等

图 4–5　影响培训需求分析的因素

（四）培训需求分析的流程

1. 前期工作准备

在进行培训需求分析之前，培训管理者要做一些准备工作，为下一步的培训需求分析工作打好基础。准备工作包括图 4–6 中的几个方面。

收集员工资料，建立资料库	及时掌握员工的现状	建立收集培训需求信息的通道	做好分析前动员
· 员工资料应当包括培训档案，员工的人事变动情况，绩效考核资料，个人职业生涯规划以及其他相关资料等	· 培训部门的职责相对于其他业务部门来讲，更像是提供服务的部门。培训管理者应当把培训对象看成是服务对象，及时掌握服务对象的动态	· 培训管理者为了及时掌握员工的培训需求，就必须建立起通畅有效的培训信息交流通道	· 培训需求分析到培训实施,再到培训效果评估，是一个随时与员工沟通的过程，每一步都要做好沟通工作

图 4–6　前期准备工作

2. 制定培训需求分析计划

在开始分析培训需求之前，制定一个详细具体的计划是十分有必要的。培训需求分析计划应该包括的内容有工作的目标、工作的方法、工作的人员及责任、工作的时间进度、工作中可能出现的问题及应对方案等。

3. 开展培训需求调查

经过调查才有发言权。只有针对培训需求开展了调查工作，才能确定培训的需求。所谓的培训需求调查，就是采用一系列的方法，通过多种渠道，收集与培训相关的需求信息。开展培训需求调查，收集培训需求信息时，要明确调查对象、方法、渠道、主题等因素，并保证资料收集的全面性、客观性和公正性。

4. 分析总结培训需求数据

通过调查获取的信息并不是都有价值的，有的信息是虚假的，或者不准确的，这是内外在因素影响的结果。因此，对收集到的信息进行分析是很有必要的，要对收集的结果进行仔细核查，去伪存真。收集到的培训需求信息是很多的，反映了实际工作中的培训需求，但是培训的资源是有限的，因此要分析哪些培训是最需要的，在安排时给予优先考虑。分析收集的信息，并进行分类、存档，并从信息中得出培训需求的真实情况，并综合各种因素，结合具体实际，合理安排培训。

5. 撰写培训需求分析报告

培训需求分析最终要以文本的形式呈现出来，以便培训工作的安排。这就需要在分析培训需求之后撰写培训需求分析报告，在报告中说明培训需求的情况，确定培训的必要性和内容。培训需求分析报告完成之后，可以为培训目标和计划的制定提供依据。

（五）培训需求分析的方法

培训需求信息的搜集方法有很多，每种方法都有自己的特点，在分析培训需求时，要根据需要，综合使用多种方法。培训需求分析的方法如图 4-7 所示。

访谈法

·通过与被访谈人进行面对面的交谈来获取培训需求的信息的一种方法。访谈法是经常使用的信息收集方式之一，它的形式应根据对象与内容的不同而灵活变化

观察法

·培训者亲自到员工工作岗位上去了解员工的具体情况，可以观察员工工作表现,从而发现问题,获取信息数据

问卷调查法

·以标准化的问卷形式列出一组问题,要求调查对象就问题进行打分或进行是非选择,程度选择

档案资料法

·利用组织现有的有关组织发展、职位工作和工作人员的文件资料来综合分析培训需求

测验法

·用一套标准的统计分析量表,对各类人员的知识熟练程度、观念、素质等进行评估

关键事件法

·通过对组织目标起关键性积极或消极作用的事件进行分析来确定培训需求的一种方法

图 4-7　培训需求分析的方法

二、员工培训计划的制定

（一）培训计划的内容

培训计划在整个培训体系中都占有比较重要的地位，可以根据5WIH的原理，确定企业培训计划的架构及内容。

所谓5W1H，指why（为什么？）、who（谁？）、what（内容是什么？）、when（什么时候、时间？）、where（在哪里？）、how（如何进行？）等。对应培训计划时，即要求我们明确：我们组织培训的目的是什么（why），培训的对象是谁（who），负责人是谁（who），培训师是谁（who），培训的内容如何确定（what），培训的时间、期限有多长（when），培训的场地、

地点在何处（where）以及如何进行正常的教学（how）等要素，这几个要素所构成的内容就是组织企业培训的主要依据。

5W1H 原理如图 4-8 所示。

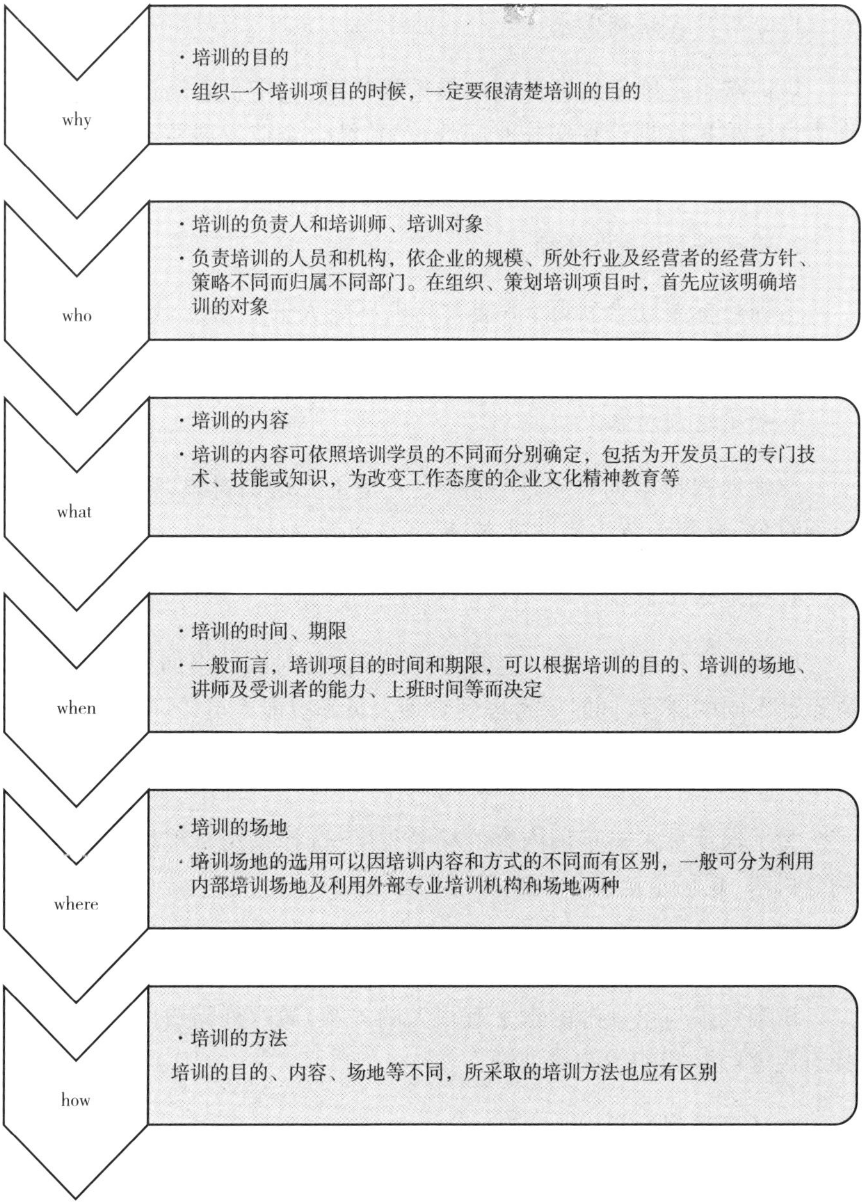

图 4-8　5W1H 原理在培训中的应用

(二)培训计划的制定程序

制定培训计划需要按照科学的程序进行,通常包括以下几个步骤。

1. 分析确定培训需求

培训需求是确定培训计划的最重要依据,它指引着培训的方向。培训需求要根据培训计划实施时间的长短,结合企业发展要求和企业现状之间的差距来确定。

2. 明确培训目的、目标

培训目标要切合实际,不能太高也不能太低。培训目的、目标要作为将来进行培训考核的依据。

3. 确定培训对象

准确地选择培训对象,明确哪些人是主要培训对象、哪些人是次要培训对象,有利于节约培训成本,提高培训效率。

4. 确定培训内容

培训内容和培训对象一定要相辅相成。针对岗前培训和在岗培训分别设计不同的课程,同时要考虑到管理人员和技能人员培训内容的差别。

5. 确定培训方式

为了保证员工对培训内容的接受程度,选择采用讲授法、研讨法、案例分析法、现场示范操作培训等培训方法。

6. 选择培训师

培训效果与培训师的水平有很大的关系,通过外聘或内部选拔来选择有足够经验和能力的培训师。

7. 选择培训时间、地点

培训时间、地点要选择得及时合理,以便及时通知培训对象和培训师,提前做好准备。

8. 明确培训组织人

明确培训组织人就是明确培训负责人，使得培训师和培训对象知道有问题找谁，促使问题的解决，保证培训的顺利进行。

9. 确定考评方式

为了保证培训效果，每一次培训后都要进行考评。从时间上讲，考评还可分为即时考评和应用考评，即时考评是培训结束后马上进行的考评，应用考评是培训后对工作中的应用情况进行的考评。

10. 培训费用预算

培训费用一般指实施培训计划的直接费用，分为整体计划的执行费用和每一个培训项目的执行或者实施费用。

11. 明确后勤保障工作

明确后勤保障工作，有利于协调培训部门与后勤保障部门的工作，便于后勤保障部门及时做好准备工作。

12. 编写培训计划

完成上述工作后，就要开始准备编写培训工作计划，经审批后实施。

综上，只有在编制合理的培训计划的基础上，才能有效地进行课程设计并实施培训，从而保证整个培训体系得以顺利实施，不断提升员工的自我价值，促使员工向多技能方向发展，从而为企业的发展壮大提供有力的后盾。

第四节　员工培训计划的实施

一、培训人员的角色定位

培训人员的角色定位主要包括培训师和培训的辅助人员两方面。

（一）培训师

直接从事培训教学工作的人员就是培训师，其有专职和兼职之分。培训师根据其工作特点，主要扮演着三种角色，具体如图 4-9 所示。

图 4-9　培训师的角色

（二）培训的辅助人员

培训的辅助人员指为培训工作提供辅助的人员，如负责行政、管理和后勤保障工作的人员。培训的辅助人员能为培训工作的顺利进行提供保障，一般也担任培训教学活动的组织者。

二、培训工作的组织

（一）培训规划

在进行培训之前要先制定规划。培训规划是其他培训工作开展的前提和基础。制定培训规划主要是把培训的总体框架安排好。其具体内容包括培训对象、培训内容、培训师、培训方法、培训信息反馈。一般来说，在培训前三个月就要制定培训规划。

（二）培训准备

培训准备的工作主要有图 4-10 中的三种。

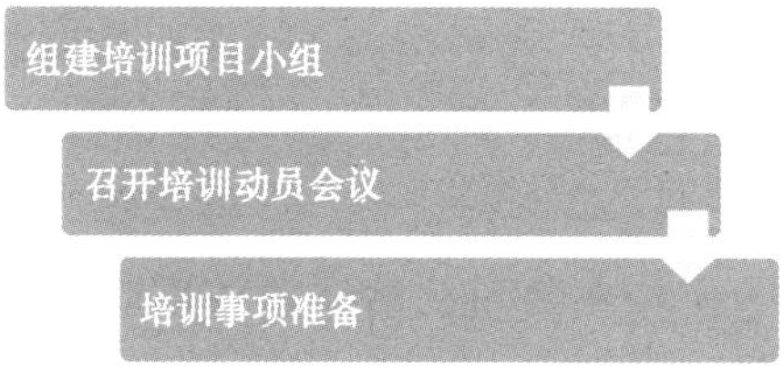

图 4-10　培训准备的工作

（三）现场组织

1. 培训沟通协调

在培训过程中，组织者要及时与培训师、学员沟通交流，指出培训师培训的优缺点和学员反映的情况，并与培训师协调改进，这时组织者要做以下工作。

让全体学员对整个培训活动有一个全面的了解并产生一定的期待。这就要求发给每个学员一份培训计划，并给予解说，使大家了解培训的目的、培训的内容和方式、培训的时间和地点，尤其是培训要达到的目标，以及培训结果对其今后工作的影响等。这些工作有助于提高学员对培训目的的认同感，并对培训产生某种期待，使其能顺利进入受训状态。

为了保证培训的效率和严肃性，培训的纪律和对学员的要求需要一开始就被明确告知并严格执行。事先告知纪律和要求，讲明违纪的处理原则，可以预防不良行为的产生，即使出现了违纪情况，处理也会有根有据，使人心服口服。

在培训的开始阶段可以搞一些简单的测试和调查等，其作用包括：一是了解学员对培训的看法、要求和困难等，表示对学员的尊重和对学员意见的重视，融洽培训组织方与受训方的关系，并更好地为其提供服务；二是了解学员与培训内容有关的情况，如实际的知识、技能水平，对某些问题的看法、态度等，以使培训的内容更具有针对性；三是如果设计精心并执行良好的话，这些活动还可以激发学员的培训兴趣和学习信心。

设计一些活动来融洽学员间的关系。创造条件，使学员有相互接触、了解的机会，不仅可以消除学员的紧张心态，而且可以帮助学员实现通过培训结交更多朋友的愿望，有利于其他各方面工作的协调和沟通。

2. 现场应急补救

在培训过程中，出现一些问题是很正常的，也是无法避免的，即使计划的再好，也会有意外情况的出现。对于培训组织者来说，一定要有心理上的准备，并事先考虑可能出现问题的应急措施。一旦在培训中出现了意外情况，现场应急补救的工作就非常重要了。

3. 培训后勤安排

培训的正常开展，离不开后勤工作的保障，因此要做好现场的后勤安排。比较常见的有培训资料的准备、培训设备的调试、培训人员的餐饮服务，还有一些紧急情况的处理，都需要后勤人员合理处理。

（四）培训服务

培训服务是培训工作的重要组成，主要包括四方面的内容，分别为检查培训效果、把培训用于实践、培训效果跟踪和培训总结提升。具体如图 4-11 所示。

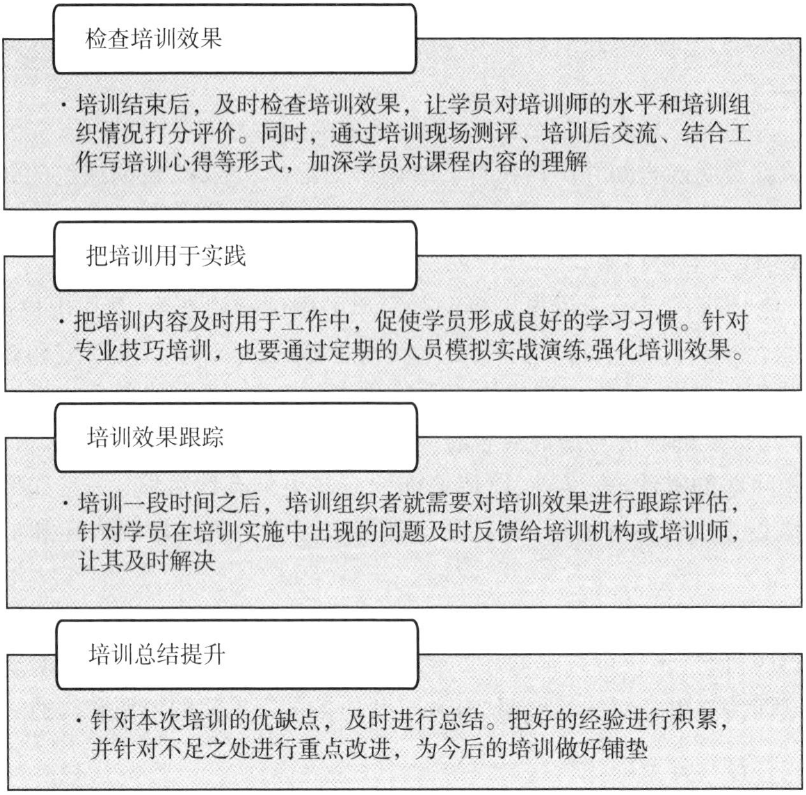

图 4-11　培训服务的内容

三、培训者的选择

企业开展培训活动的一个关键就是选择培训者，培训者水平的高低对培训效果有着直接影响，甚至起着决定性作用。

（一）培训师应具备的能力

培训师应具备的能力主要如图 4-12 所示。

图 4-12　培训师应具备的能力

（二）培训师的甄选和培养

1. 内部培训师甄选和培养

企业内部的培训师理应成为企业培训师资队伍的主力。内部培训师能够以企业欢迎的语言和熟悉的案例故事诠释培训的内容，能够总结、提炼并升华自身和周围同事有益的经验和成果，能够有效地传播和扩散企业真正需要的知识和技能，从而有效实现经验和成果的共享与复制。

内部培训师甄选和培养工作具体包括内部培训师甄选、内部培训师激励以及内部培训师培养等工作内容。

作为企业人力资源管理工作的专业职能部门，人力资源部应制定切实可行的内部培训师甄选与培养制度，其中需要明确内部培训师的甄选对象、甄选流程、甄选标准、上岗认证、任职资格管理、培训与开发以及激励与约束机制等工作，而且每一项工作都应具体、可操作。为了保证这些措施能够付诸实施，应该将其提炼为书面文字，以制度的形式公示于众。

企业人力资源部门应认真研究内部培训师的激励问题。对于内部培训师的激励，应该以精神激励为主，物质激励为辅。对某些有着个人成就需求的员工，内部培训师制度为其职业生涯发展开辟了更广阔的道路，免费提供更多的外培机会以及授予荣誉证书是比较有效的激励方式。因此，企业应大力提倡和促进内部优秀员工勇于担任培训师。

对培训者进行培训（train the trainer，TTT），也就是说找出那些精通培训内容的但缺乏培训知识和技能的内部专家，对他们进行培训，把他们培养成优秀的培训者。对培训者进行培训的目的是让组织内部的专家掌握在培训项目设计和实施等方面必须具备的知识和技能。

一般情况下，从企业内部选拔出来的培训师在业务方面都非常优秀，但是有关课程设计、讲授方法、课堂组织等技巧性的东西比较欠缺，需要接受专门的培训，人力资源部门可以邀请专门对培训师进行培训的培训师为他们传授经验，或是安排他们外出参加一些经过精心选择的、授课技巧比较好的培训师组织的公开课，让他们研究、揣摩和学习其他培训师的授课方法。

2. 外部培训师的甄选

在对外部培训师进行甄选时，也要按照严格的程序进行，主要程序如图 4–13 所示。

图 4–13　外部培训师的甄选程序

一般来说，为了更好地发挥外部培训师的作用及保证以后培训工作的开展，企业会从内部任命一位人员作为外部培训师的助手，协助外部培训师开展培训工作。由于内部人员对企业的具体情况更为了解，也积累了本企业的案例和素材，这样会使培训师的培训内容更加符合企业的需要，使培训针对性更强，也有利于预期培训效果的实现。此外，企业内部人员担任的助手，可以及时与外部培训师进行沟通，针对培训实际提供反馈和建议，便于培训的及时调整，同时，助手在协助培训师开展培训工作的过程中，也能获得专业知识的提升，也为内部培训师的培养奠定了基础。

四、培训方法的选择

培训方法会对培训效果产生决定性的影响，因为培训方法种类多样、特点不同，各有优劣。如果选择不当，会对培训工作产生极为不利的影响。一般来说，在选择培训方法时，一定要对各种培训方法的特点及优劣势有清楚的认识，然后根据培训的具体需求、学员的特点以及现实条件选择最为适当的培训方法。

（一）影响培训方法选择的主要因素

在人力资源管理中，针对培训方法的选择，经常需要考虑的因素有很多。图 4-14 是影响培训方法选择的几个主要因素。

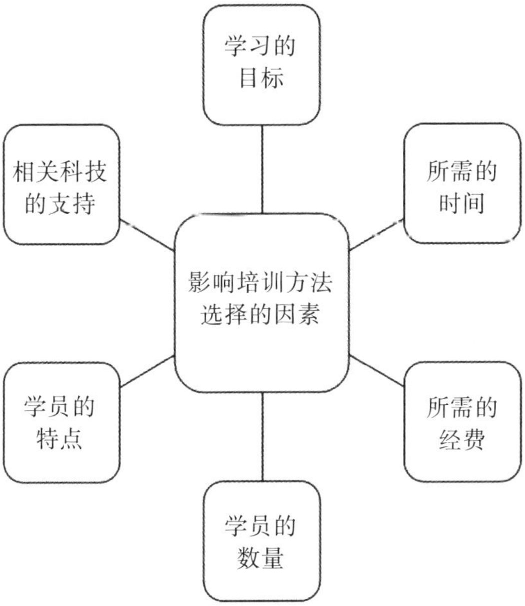

图 4-14　影响培训方法选择的因素

(二)培训方法的具体选择

要想培训工作取得理想的效果,必须选对培训方法。在选择培训方法时,一定要做到实事求是,结合培训的实际,多种方法综合考虑,优中选优,也可以采用多种方法相结合的形式,综合运用。下面具体分析不同种类的培训应采取的培训方法。

1. 理念性知识培训可用讲授法

顾名思义,讲授法,就是用讲解传授的方法将知识灌输给学员,一般进行理念性知识培训时适宜采用这种方法。

采用讲授法,对培训师的要求比较高,需要其具有丰富的知识和经验。在采用讲授法时要注意内容的科学系统、语言清晰明确、重点突出,为了培训效果更好还要用板书和多媒体设备予以配合。

讲授法的优缺点如图 4–15 所示。

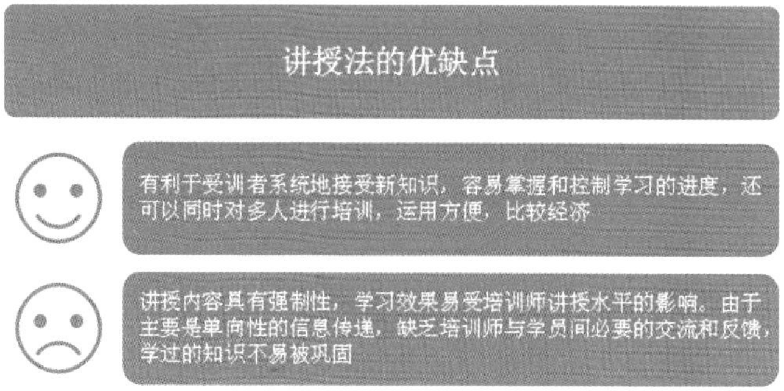

图 4–15　讲授法的优缺点

2. 技能速成培训宜用演示法

演示法是通过示范教学传授给学员工作,并指导学员进行尝试的一种培训方法。由于涉及示范,因此会用到一些实物或者教具,因此体现出了实验性的特点。演示法生动形象、效果显著,能够快速提高学员技能,因此在技能速成培训中,适宜使用演示法。

演示法的优缺点如图 4–16 所示。

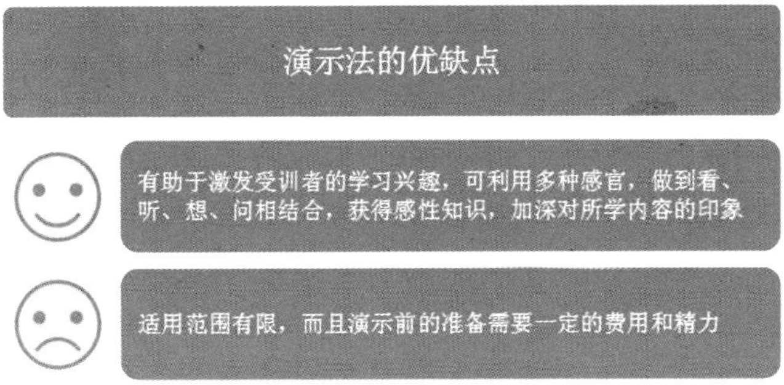

图 4-16　演示法的优缺点

3. 专题培训宜用研讨法

研讨，即研究讨论，往往是针对一个专门的问题进行研究讨论，因此如果安排专题培训，往往用研讨法的效果更好。

研讨会和小组讨论是研讨法的两种方式，其中在研讨会中，培训师进行专题演讲，学员有与演讲者沟通交流的机会，一般花费较多；而小组讨论则相对简单，花费也少。

研讨法的优缺点如图 4-17 所示。

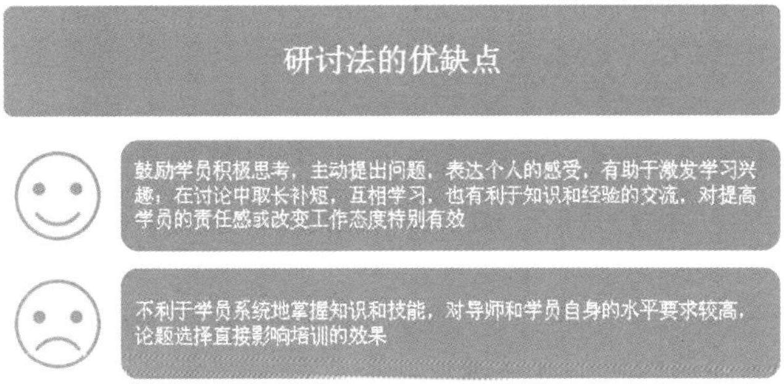

图 4-17　研讨法的优缺点

4. 培训一线员工宜用实习法

实习法是让受训者在实际工作中接受培训，一般培训师由企业内有经验的老员工担任。老员工在具体的工作中传授给受训者工作的具体方法、工作的建议。在培训一线员工时，往往使用是实习法，但在开展培训前，需要有详细完整的计划。

实习法的优缺点如图 4-18 所示。

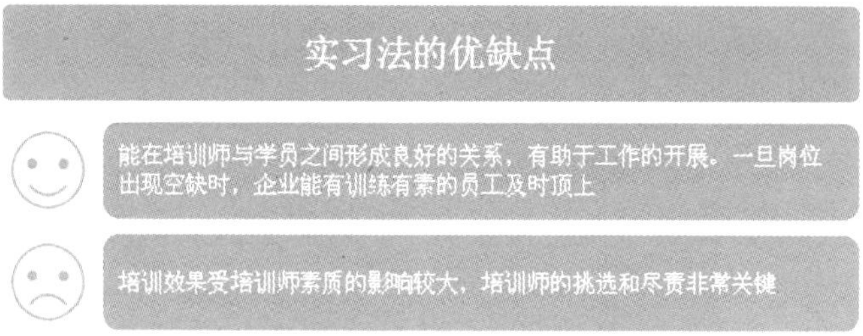

图 4-18 实习法的优缺点

5. 视听法和网络培训法

视听法是利用现代视听技术对员工进行培训的方法。视听法直观鲜明，往往比讲授法或讨论法给人更深的印象；教材生动形象且给学员以真实感，所以也比较容易引起他们学习的兴趣。但视听设备和教材的成本较高，内容易过时，而且学员实践较少，一般可作为讲授法的辅助手段。

网络法是将文字、图片及影音文件等培训资料放在网上，供员工学习。这种方式由于具有信息量大、无学习时间限制等特点，颇受学员欢迎，也是今后培训发展的趋势之一。但一些如人际交流、讲究动手的技能培训则不太适用于网络法。

第五节 员工培训效果的评估

一、培训评估的目的和标准

在整个培训过程中，都伴随着培训评估的影子。培训评估就是对培训的各个环节进行评估，以发现培训中存在的问题，不断改进评估方案，提高培训绩效。

培训评估的主要目的有三个，如图 4-19 所示。

进行培训评估需要有一定的标准。在选择评估标准时，要确定企业对评估目的的界定。有了明确的评估目的，培训行为就有了方向，也就能更加符合企业的真实需求，为企业的发展助力。

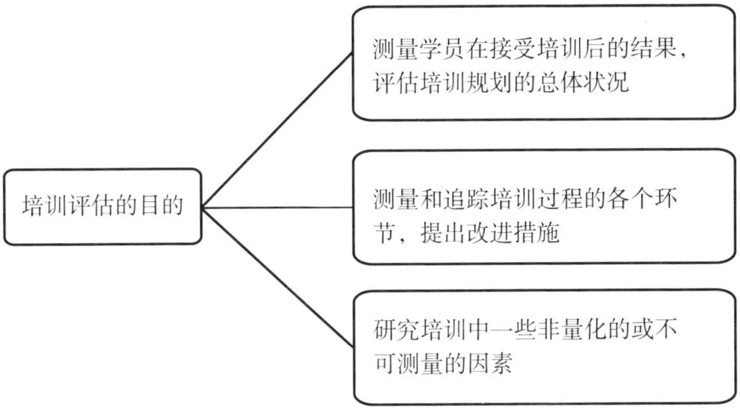

图 4-19 培训评估的目的

培训的投资回报率是比较直接的培训评估标准，能够反映培训的成效。培训带来的利润与培训的成本支出之比就是培训的投资回报率。选择的评价标准有培训后是否提高了生产力水平、是否减少了工作中的错误率、是否提高了服务质量，并明确说明这些因素与培训存在着密切的关系。[①]

员工培训后的工作行为与工作表现是最能体现培训效果的，企业对培训结果的评估就是通过对员工受训后的工作表现和业绩实现的。通过了解员工受训后的表现，可以评估培训是否满足了实际工作的需要。但要注意，培训结果评估知识培训评估的内容之一，还要注重培训的过程评估。对于培训评估来说，过程评估和结果评估密不可分，也缺一不可，在培训评估时，一定要全面评估，避免评估出现不客观、不准确的情况。

二、培训评估的类型

（一）培训总体评估

培训总体评估主要依据培训需求、培训规划以及培训机制对培训的情况进行评估。具体如图 4-20 所示。总体评估涉及因素多，工程量大，需要进一步细化。

① 孙柏瑛，都凡骅．公共部门人力资源开发与管理[M].4 版．北京：中国人民大学出版社，2016.

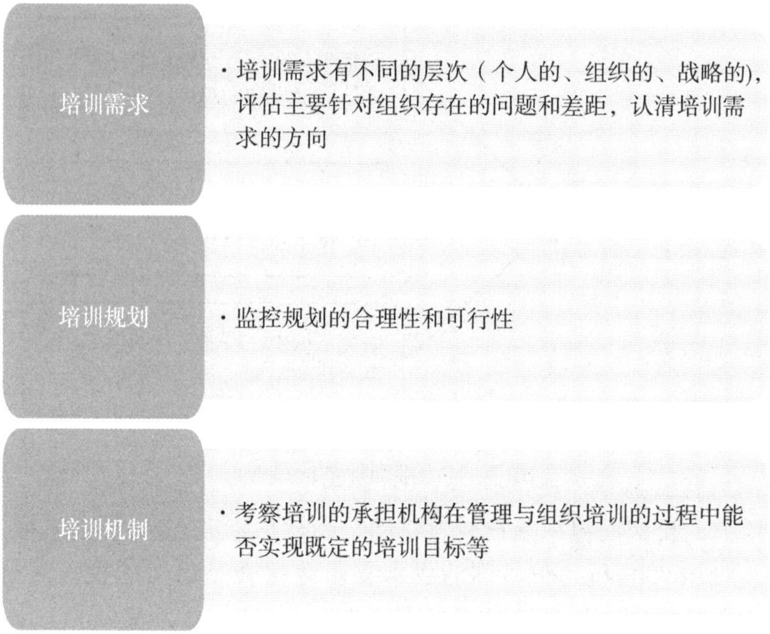

图 4-20　培训总体评估的内容

（二）受训者反应评估

受训者反应评估是培训评估的重要方面。对于受训者来说，他们是培训的主体，全程参与培训的过程，他们对培训有着切身的感受，也对培训有着自己的看法。受训者的反应，对评估整个培训非常重要。

受训者反应评估包括图 4-21 中的三个方面。

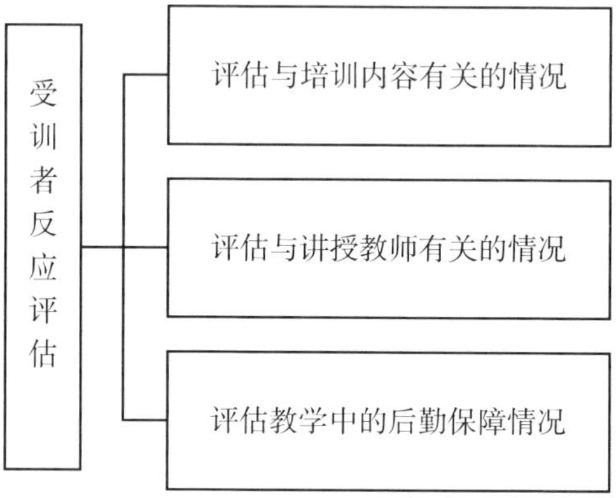

图 4-21　受训者反应评估

受训者反映评估在通过调查表、面谈、公开讨论等多种形式获取信息后，将图 4-21 中的三个方面细化成问题，要求学员对每一个教学环节进行评价，以匿名方式按照一定等级评价。评估者根据受训者反馈的信息，对培训进行评估。

（三）受训者知识、技能学习成果评估

受训者知识、技能学习成果评估是培训评估的重要方面，一般在培训尾声阶段进行。通过直接评价受训者的知识、技能学习情况，了解培训的效果。对受训者这方面的评估主要有两个方面，一是知识增长情况，可以通过考试获取，另一个是行为方式情况，可以采用观察、情景模拟等方法获取。需要注意的是，对受训者知识、技能学习成果的评估一定要客观、真实、公正，也要综合多方面因素进行评估，保证评估结果的准确性。

（四）工作表现评估

对员工进行培训，目标就是提高员工的工作能力，提升其工作表现，因此工作表现评估是非常重要的培训评估内容。员工只有在接受完培训后才能回到本来岗位上继续工作，因此，工作表现评估只能在培训完成后进行，而且需要一定的等待时间，因为员工培训效果的转化需要时间，其在工作中进行运用也是需要时间的。但是，工作表现评估也最能体现培训是否真正有效。

（五）组织绩效评估

企业开展培训活动，投入了资金，提高了员工的综合素质和水平，其最终目的还是提高经济效益。作为一项系统工程，对组织绩效进行的评估，涉及很多因素，具有一定的难度。一般大致使用客观指标测量和主观衡量两种评估方法。客观指标测量法是先确定考查标准，在员工接受培训后，看其标准等级有没有获得提高。主观衡量法是通过人力资源管理中的考绩对组织绩效进行评估，间接地反映培训的效果。

第五章

现代企业员工绩效评估系统的科学构建

对于现代企业来说,构建一个合理的员工绩效评估系统是十分必要的。通过绩效评估,可以了解员工的工作情况和工作能力,能够为企业人力资源管理提供一定的依据。通过绩效评估,也可以增加员工的积极性,充分发挥员工的潜力。绩效评估系统要获得理想的效果,必须要进行科学构建,保证其准确性与客观性。

第一节　员工绩效评估的基本理论

一、绩效概述

(一)不同视角下的绩效

人们对绩效这一概念的认识存在分歧,从不同的学科领域出发来认识绩效,所得到的结果也会有所差异。

下面主要从管理学视角、经济学视角、社会学视角对绩效进行认识。具体如图 5-1 所示。

管理学视角	经济学视角	社会学视角
·绩效是组织期望的结果，是组织为实现其目标而展现在不同层面上的有效输出，包括个人绩效和组织绩效。组织绩效以个人绩效实现为基础，但个人绩效实现并不一定保证组织是有绩效的。组织战略的失误可能造成个人绩效的目标偏离组织的绩效目标，从而导致组织的失败	·绩效与薪酬是员工和组织之间的对等承诺关系，绩效是员工对组织的承诺，而薪酬是组织对员工所作出的承诺。当员工完成了他对组织的承诺，组织就实现其对员工的承诺。这种对等承诺关系体现了等价交换的原则	·绩效意味着每一个社会成员按照社会分工所确定的角色承担他的那一份职责。他的生存权利由其他人的绩效保证，而他的绩效又保障其他人的生存权利。出色地完成他的绩效是他作为社会一员的义务，他受惠于社会就必须回馈社会

图 5-1　不同视角下的绩效

（二）绩效的定义

随着管理实践深度和广度的不断增加，人们对绩效概念和内涵的认识也在不断变化。要想测量和管理绩效，必须先对其进行界定，弄清楚它的确切内涵。

绩效（performance）最早来源于经济方面的定义，主要以可计算的利润来表达，此后逐渐拓展为组织对资源的有效、高效及安全的运用，与运营和功能的有效性相关。从经济学字面意思上解释，绩效既包含有效率（efficiency）的意思，又可以指产出（output）或结果（outcome），绩效不仅仅描述一项工作任务完成的状态（通常使用数量指标表示），更为重要的是要表明该项工作任务完成是否达到预先设定的期望与目标，产生的结果是否令人满意等。从结果层面，伯纳丁（Bernardin）等认为，绩效就是在特定时间范围，在特定工作职能、活动或行为上生产出的结果记录（刘抒雅，2013）。从行为层面，奥普勒（Oppler）和塞格（Sager）提出，绩效是员工自己控制的与组织目标相关的行为，绩效是多维的，没有单一的绩效测量；绩效是行为，并不必然是行为的结果（刘抒雅，2013）。

目前对绩效的界定主要有三种观点：一种观点认为，绩效是结果；另一种观点认为，绩效是行为；再一种观点则强调员工潜能与绩效的关系，关注员工素质，关注未来发展。

（三）绩效的特征

1. 多因性

多因性是指员工的绩效会受多种因素的影响，并不是单一因素就能决定的。影响工作绩效的主要因素有：技能 S（skill），激励 M（motivation），环境 E（environment）和机会 O（opportunity），其中，前两者是主观方面的影响因素，后者则是客观方面的影响因素。

2. 多维性

绩效是多维的，没有单一的绩效测量。工作结果、行为或能力均属于绩效的范畴。

3. 变动性

变动性是指员工的绩效并不是一成不变的，在主客观条件发生变化的情况下，绩效是会发生变动的。绩效差的员工可能通过努力得到提升，绩效好的员工可能因为激励不足变差。员工绩效是多因素共同作用的结果，员工所拥有的外部环境和主观因素随着时间的推移不断地发生变化，因此，员工的绩效必然是一个动态的变化过程。

二、绩效评估及实施

（一）绩效评估的定义

绩效评估根植于绩效管理理论，是指评估者借助多种行为化和标准化的测量技术或方法，收集有关信息，根据工作标准建立测量指标体系，对行为主体的绩效信息（工作业绩、态度等）进行客观评价的过程。20 世纪初，泰勒根据大工业生产实践创立了科学管理理论体系，在该体系中，他将量化考核评估作为生产管理的一种手段进行论述，实现了组织管理与人员管理的对接，这是绩效管理理论的萌芽。[①]

---

① 李涛．公共组织人力资源管理［M］．北京：科学出版社，2017.

（二）绩效评估的实施流程

绩效评估的流程通常按照建立绩效评估的管理机构、进行技术准备、选拔考核人员、安排绩效评估的实施程序、运用评估结果等环节进行，此后，还要将评估结果进行反馈。人员绩效评估是一个系统的过程，各个环节都需要精心设计和周密部署。

1. 建立绩效评估的管理机构

为确保客观、公正地开展绩效评估工作，树立评估的权威性和严肃性，需要在整个评估开始之前建立一个评估机构。评估机构的主要职责是：拟订评估方案；制定评估计划；指导评估工作。

2. 进行技术准备

首先，明确考核的目的和对象。不同的考核目的，有不同的考核对象。

其次，确定考核内容。

最后，选择或设计考核方法。

3. 选拔考核人员

选拔考核人员是关系着评估成败的大事。在选择评估人员时，应考虑两方面的因素：能够全方位地对人员的工作表现进行考察；尽可能消除或者减少个人偏见。

4. 安排绩效评估的实施程序

安排绩效评估是整个工作的关键，其有着一定的过程。具体如图 5-2 所示。

5. 绩效评估结果的运用

（1）调整报酬和变动职级

报酬具有激励作用，有些员工的报酬是与绩效相联系的，通过绩效评估可以看出员工的表现，可以为员工报酬的调整提供依据。另外，有些企业的职位晋升，绩效也是其中不可缺少的一个决策依据。

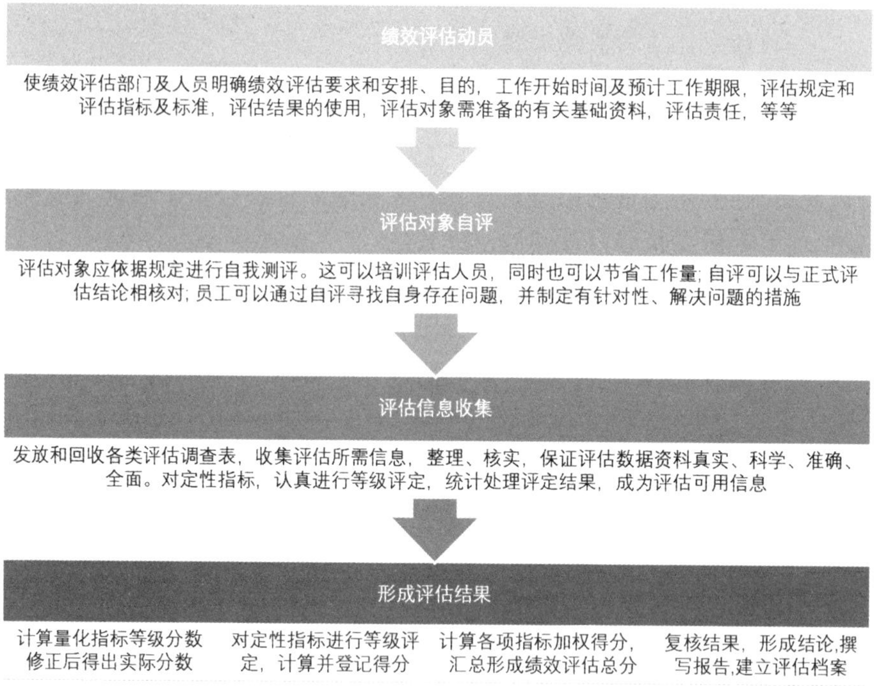

图 5–2　安排绩效评估的程序

（2）用于员工培训与发展

绩效评估结果，可以反映员工的绩效和能力，结合企业的发展战略，可以找出员工现有情况与企业发展需求之间的差距，从而能为员工培训需求提供参考，便于员工培训更有针对性，更能取得实效。

6. 绩效面谈与反馈

进行绩效评估不是目的，其只是一种手段，最终还要为公司的发展服务，因此需要将绩效评估结果及时准确地反馈给被评估者，让被评估者对自己的工作情况有清晰的认识，发现自身工作中存在的问题，并制定计划和改进措施，从而促使绩效得到改进。

第二节　员工绩效评估系统的构建

一、组织环境的分析与诊断

开发绩效管理系统，首先要分析与诊断企业的组织环境。通过对企业组织环境的分析与诊断，得出企业的战略目标等相关信息，以此为依据进行绩效管理系统的开发。

企业组织环境的分析与诊断，主要涉及内部环境与外部环境的分析与诊断，下面分别进行分析。

（一）内部环境的分析与诊断

对企业组织内部环境的分析与诊断，主要涉及企业组织的愿景、目标和战略、企业组织的不同发展规模、企业组织的文化和价值观、企业组织的利益相关者。具体如图 5-3 所示。

企业组织的内部环境			
企业组织的愿景、目标和战略	企业组织的不同发展规模	企业组织的文化和价值观	企业组织的利益相关者
·愿景是企业为之奋斗而希望达到的前景，是对企业未来发展方向的一种期望、一种预测、一种定位 ·组织目标是指一个组织未来一段时间内要实现的目的，它是管理者和组织中所有成员的行动指南，是组织决策、效率评价、协调和考核的基本依据 ·战略是企业为了达成组织目标、应对外部竞争环境的计划	·在不同规模的企业，绩效管理系统所发挥的作用不完全相同 ·在大中型企业，组织结构较复杂，绩效管理主要发挥两个作用：一是提高整体绩效水平，不断提高个人的业绩能力；二是对员工进行甄选与区分 ·在小型企业，组织结构比较简单，管理趋于扁平，绩效管理的主要目的在于系统地保障业绩目标的实现	·价值观是组织文化的核心，在一定程度上表明组织的特征及存在的理由。组织文化是组织成员的共同价值观体系，它使组织独具特色，区别于其他组织	·利益相关者指那些与企业成功有利益关系的人，主要包括所有者或股东、管理层、员工、联合合作伙伴、供应商、客户等。此外金融机构、政府和社区，甚至竞争者在某种意义上也是企业的利益相关者

图 5-3　企业组织的内部环境

（二）外部环境的分析与诊断

企业组织的外部环境主要包括竞争对手与可比较的绩效标杆两个方面的内容。具体见图 5-4。

企业组织的外部环境	
竞争对手	可比较的绩效标杆
·分析竞争者的市场地位，经营绩效、管理政策和机制，借鉴其成功做法，或以其不足为戒，不断改进自身的管理水平	·同行业可比较的绩效标杆，通常通过客户意见反馈、行业审计等途径辨别和确认绩效标杆。参照行业绩效标杆，分析企业的绩效差距和绩效指标，确立企业绩效努力的目标

图 5-4　企业组织的外部环境

二、绩效目标的建立

在开发与设计绩效管理系统时，第一个环节就是确定绩效目标。企业目标要与绩效管理相连接，就需要绩效目标来实现。企业目标在绩效管理中的体现就是绩效目标。绩效目标也就是绩效管理要实现的目的，是绩效评估的重要标准。

（一）绩效目标的意义与类别

1. 绩效目标的意义

现实中，一些企业一方面提出很响亮的战略目标，并有一套实现战略目标的规划，但这些目标和规划往往与具体的管理活动，特别是人力资源管理活动是脱节的。在这些企业的人员绩效评估活动中，评估的绩效目标与企业目标并未有机联系。因此，建立一个明确的、与企业目标相一致的绩效目标非常重要。这种重要性具体表现为以下几点。

（1）为衡量和讨论绩效提供基本依据

绩效目标可细化为具体的评估指标和标准，便于操作，同时也减少评估者与被评估者之间的误解。

（2）有利于员工明确自己的价值

与企业目标相一致的绩效目标促使员工明白自己工作在组织中的价值，也明白自己在组织中的角色。

（3）有利于员工自我管理和发展

明确的绩效目标能帮助员工自我管理和监督，增强自我发展的意识和能力。这在知识型员工管理中，显得更为突出和重要。

2. 绩效目标的类别

在绩效评估中，员工从事不同的工作，其绩效目标也不同。尽管现实的绩效目标多种多样，但一般来说，绩效目标可分为以下几种不同的类别。

（1）短期目标与长期目标

根据绩效完成的时间长短可分为短期绩效目标与长期绩效目标。短期绩效目标可在几个星期或几个月内完成，一般不跨年度。长期绩效目标完成的时间则更长一些，可能要 2~3 年，甚至更长的时间，或者绩效目标的完成要分成几个关键阶段。

（2）组织目标与个体目标

绩效具有不同的层面。这里的组织绩效目标强调的是一种集体绩效目标，包括公司的、部门的、团队的。个体绩效目标指落实到员工个体的目标。在企业绩效管理系统中，组织绩效目标一般都层层分解为个体绩效目标，组织绩效目标与个体绩效目标互为一体。此外，个体绩效目标还包含员工个人的发展和成长。

（3）常规目标与创新目标

绩效目标还有常规目标和创新目标之分。常规绩效目标就是企业一般可以接受的绩效水平。创新绩效目标为了激发创造力而为特定工作专门设立，用来激励员工在工作中大胆思考，创新方法，促进企业技术和方法的创新发展。

（二）绩效目标的建立过程

建立绩效目标，需要对组织目标进行不断的分解转化，使其成为具体的可操作的目标。这里需要引入“软目标”和“硬目标”的概念。“软目标”是指面向未来的目标，一般为意图或蓝图，企业的目标一般就是“软目标”。而“硬目标”就是一个个具体的可行的目标，可以说，绩效目标就是“硬目标”。因此,可以说,建立绩效目标的过程就是一个从“软目标”到“硬目标”的过程。

绩效目标建立以后,要文本化和书面化。正式确立的绩效目标要符合 SMART 原则。SMART 原则的具体含义如图 5-5 所示。

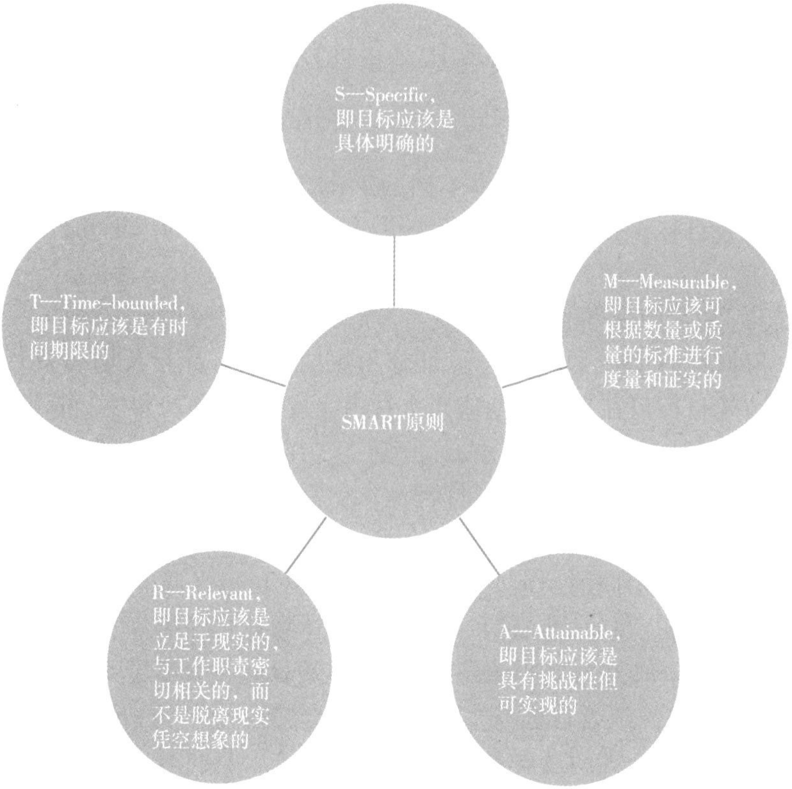

图 5-5　SMART 原则

通过上面的叙述,可以得出,绩效目标是一定时期内可以衡量的,需要实现的具体目标。绩效目标的确定,可以说为企业与员工提供了行动的方向,因此要保持一定的稳定性。同时需要注意的是,绩效目标也是需要不断调整的。因为,企业内部状况与面临的外部环境都在变化,绩效目标应该根据企业的实际而修改。因此,绩效目标是稳定性与灵活性的结合,追求二者的平衡。

(三)绩效目标设立的讨论

管理者与员工共同讨论设立绩效目标,是绩效管理沟通的一个重要部分。在现实中，尽管管理者不一定需要和每个员工都坐下来讨论绩效目标的设立，但至少都需要将绩效目标明确告知员工，并取得员工的认同。同时，随着科学技术的不断发展，从事较复杂工作的知识型员工日益增多。知识型员工与从事简单劳动的员工相比，参与欲和认同感更强烈。因此，对知识型员工来说，讨论绩效目标的设立更为必要和重要。

三、绩效管理系统的设计

分析和诊断了组织环境因素，并探讨了如何建立绩效目标，然后，我们讨论如何设计绩效管理系统。

（一）绩效管理系统设计的一般思路

绩效管理系统是一个系统，在设计时要考虑系统性，同时也是一个过程，也要考虑过程性。设计绩效管理系统首先需要企业有明确的发展战略和经营目标，同时它作为制度和模式的一部分，还需要企业有一定的组织制度和模式作支撑。可见，企业的发展战略以及制度和模式情况对薪酬管理系统的设计有着重要的影响。在设计绩效管理系统时，要做好分析企业组织情况的工作，并且要保证企业相应制度和模式的正常运行。只有如此，才能保证绩效管理系统设计的顺利进行。

（二）绩效管理系统设计的主要步骤

绩效管理是一个系统管理，设计绩效管理系统是一个较复杂的过程。绩效管理系统设计的主要步骤如下。

1. 明确关键作用者

设计绩效管理系统是一项复杂任务。开始这一任务的第一步是确定哪些人是参与该任务的关键人员。做事的人明确了，才可能议论怎样做事。

绩效管理系统中的关键人员有高层管理者、人力资源管理专业人员、一般管理者和员工，他们在绩效管理系统中扮演着不同的角色。具体如图 5-6 所示。

高层管理者

· 企业管理的决策人，在设计绩效管理系统中，更多从决策和总体层面调控绩效管理系统、酬劳绩效管理者的绩效、规范绩效管理的基本行为和过程

人力资源管理专业人员

· 绩效管理系统设计的具体组织者和设计者，更多地承担开发和设计绩效管理的具体程序和方法，为直线管理人员和员工提供绩效管理的咨询、指导和支持，组织和督促绩效管理活动的有序、有效进行，并进行总结和提高

一般管理者

· 在绩效管理中通常担任考评者的角色，直接面对员工和部门的绩效,对员工和部门的绩效状况最了解

员工

· 员工既是被考评者,也是考评者。通过绩效评估活动，让员工自我评估和自我反思；设计绩效管理系统时，让考评对象参与进来，听取员工的意见，将有力推进绩效管理的实施

图 5-6　绩效管理系统中关键人员的角色

2. 分析当前组织背景

在绩效管理系统的一般思路中就强调对组织目标和文化等因素的分析和判断。同样在绩效管理设计过程中必须将这点落到实处,具体分析和评估所在企业的主要背景因素。这些主要因素包括组织愿景、目标和战略、组织文化、组织管理制度和政策、现有的绩效管理活动与人力资源管理政策的匹配情况和报酬制度等。

3. 设立组织及其部门绩效目标

以企业愿景、目标等为导向,分析企业内外部经营环境和障碍,确定企业层面的绩效目标,特别是确定企业层面的关键绩效目标,在此基础上,结合各部门的职能定位,并与部门沟通,分解企业层绩效目标,制定部门绩效目标,特别是确定部门关键绩效目标。

4. 设计绩效管理流程

绩效管理流程的设计是绩效管理系统设计的重要内容，关系到绩效管理系统的应用效果。在设计流程前，首先要对组织和部门的绩效目标进行明确。一般来说，绩效管理流程如图 5-7 所示。

图 5-7 绩效管理流程

（1）明确绩效管理目标

明确绩效管理目标建立有效而可行的绩效管理流程的第一步。企业的绩效管理目标取决于企业自身的实际，企业的绩效目标往往会因其所处的发展阶段、制定的发展战略不同而存在差异。总之，绩效管理目标是为企业的发展服务的，一般来说，包括战略性目标、行政管理性目标、开发性目标三个方面。绩效管理目标如图 5-8 所示。

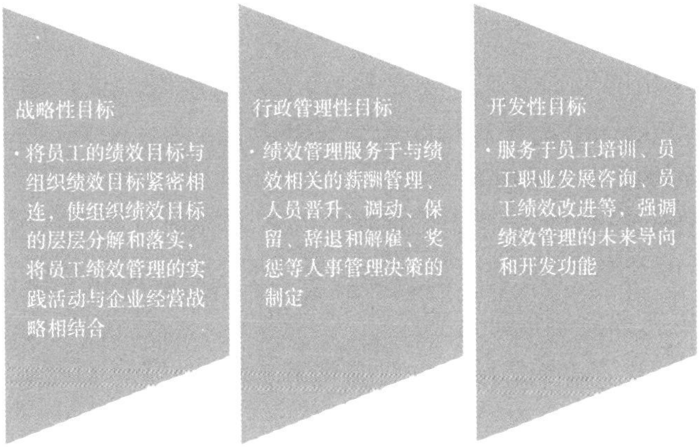

图 5-8 不同的绩效管理目标

（2）绩效计划规划

在明确了绩效管理目标之后，要做好绩效计划规划。绩效计划规划关系到绩效管理工作的开展以及效果的实现。在做绩效计划规划时，要关注绩效目标，以确定好的绩效目标为依据，收集相关的信息，并与员工沟通，确定好每位员工的绩效目标和标准，以及绩效实现的时间，并制定行动计划，保证工作落到实处，能为绩效管理提供指导。

（3）绩效促进与辅导

绩效促进与辅导也即是绩效的执行。在确定好绩效管理目标，制定好绩效计划后，要做好绩效执行。首先要使每位员工明确自己的绩效目标和职责，并收集员工在执行过程中的信息及反馈意见，根据要求做好绩效的改进。同时，员工也要根据管理者的指导，做好本身工作，实现绩效目标。

（4）绩效评估与反馈

绩效评估是绩效管理中的关键环节。设计和明确绩效评估的目标，绩效评估目标要与绩效管理目标及绩效计划相一致。结合设立的绩效目标和标准，设计合适的绩效评估方法。企业根据绩效评估目标、绩效评估对象和评估内容，设计和选择合适的评估方法。同时，选择和确定合适的绩效评估人员。在现实评估中，不是设计和选择的评估者越多越好，也不是哪一类评估者在什么场合都能胜任评估者的角色。每一类评估者各有特点，适合于不同的情景和不同的评估目的，参与评估的方法也不同。

对绩效评估的同时，需要加强对绩效评估的反馈。因此，需要设计绩效评估的反馈方式和途径。管理者对不同岗位的员工和不同绩效表现的员工采用的反馈方式不完全相同，有的是以绩效面谈的方式，有的是以书面的方式，有的是采用小型会议的方式。

（5）绩效评估结果应用

绩效评估结果的应用设计需要根据绩效管理目标和绩效评估目标进行，并在绩效评估结果应用实施过程中跟踪、监控和总结，为绩效管理系统的更新和完善提供依据。

概括而言，绩效评估结果主要应用于以下几方面。

第一，应用于员工薪酬管理。

第二，应用于员工晋升、调动和辞退的决策制定。

第三，应用于奖惩的有效实施。

第四，应用于员工的培训与开发。

第五，应用于管理者与员工之间工作关系的改进。

（6）绩效管理改进和重新协议

绩效评估得出之后，就要以其为依据，对绩效管理进行一定的改进，使之更加完善，更加适应企业的需要。如有必要，还要进行重新协议。

5. 实施绩效管理的保障

为确保绩效管理流程的有效实施，还需要设计一套保障体系。这种保障体系主要包括：绩效管理培训、绩效文化支持、沟通渠道与信息技术保证及人力资源管理系统的支持。

具体如图 5-9 所示。

绩效管理培训	·为使绩效管理的相关责任人能胜任绩效管理职责，需要进行有效的绩效管理培训。为此，需要根据组织的绩效管理培训需求，设计相应的绩效管理培训计划
绩效文化支持	·绩效文化与绩效管理相辅相成。一方面，通过绩效管理能形成和增强企业的绩效价值观；另一方面，实施绩效管理必须倡导绩效文化。绩效文化具有引导和牵引作用，引导企业员工做事围绕绩效目标，倡导依据绩效公平评价每个员工的贡献并予以回报，以此激励员工。
沟通渠道与信息技术保证	·为了有效实施绩效管理，企业必须提供沟通渠道。在信息技术高度发达的今天，企业应该开通和应用内部信息网络，让员工随时随地通过企业内部网络了解绩效管理的相关信息，并充分收集听取员工的意见或想法
人力资源管理系统的支持	·人力资源管理是一个系统管理，各种管理职能在整个人力资源管理管理过程中是互相交错、相互作用、相互协同的关系。绩效管理在整个人力资源管理系统中承担了中枢和关键的作用。企业应该建立一个健全的人力资源管理系统，以支持和配合绩效管理的实施

图 5-9　实施绩效管理的保障

6. 评估绩效管理系统

评估绩效管理系统，是看绩效管理系统是否实现了绩效管理目标，其发挥的作用如何。这在一定程度上反映了企业的执行能力。在设计绩效管理系统时，评估绩效管理系统这一环节必不可少。

对绩效管理系统进行评估，主要是对其中核心环节的评估，主要涉及绩效计划、绩效促进与辅导、绩效评估与反馈、绩效评估结果应用这些方面。对这些环节的评估如图 5-10 所示。

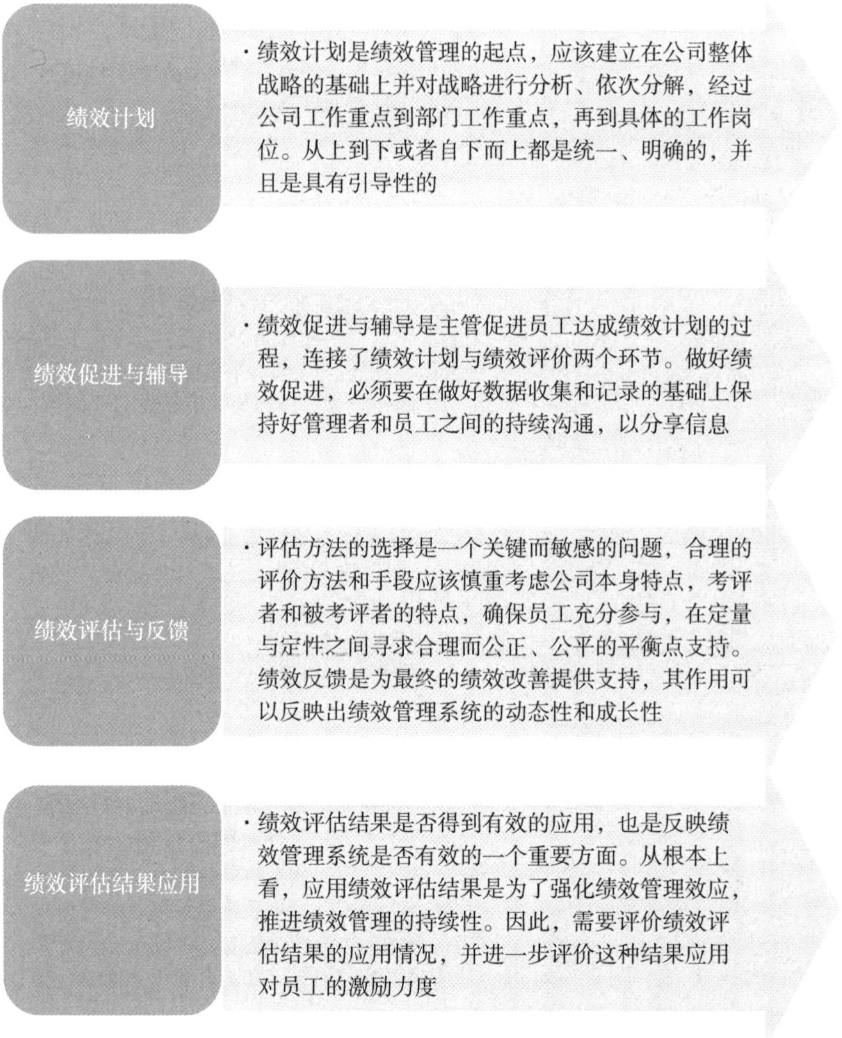

图 5-10　对绩效管理系统的评估

在对绩效管理系统进行评估时，应该重视员工的反馈信息。因此，企业应该设置手机员工反馈信息的渠道。绩效管理的计划再好，在具体的管理过程中还是会出现各种各样的问题，尤其是在公平合理方面。如果对这方面的问题视而不见，将会影响绩效管理系统的进一步应用，也会影响员工的积极性，进而为企业的发展埋下隐患。因此，一定要畅通员工与企业的沟通渠道。一般来说，企业会设置有关绩效管理的相关小组或者机构，专门负责反馈信息以及各种建议的收集。这样，有利于及时获取企业员工对绩效管理评估的想法，有利于绩效管理评估的公平公正，也有利于绩效管理系统的进一步改进和完善。

第三节　员工绩效评估的创新

员工绩效评估的创新主要体现在出现了一些新的绩效评估方法。下面对一些新的绩效评估方法进行研究。

一、360 度评价方法

360 度，作为一种新的绩效评价方法，目前已为许多企业所采用。

（一）360 度评价方法的基本内涵

360 度绩效评价方法，简单来说就是对被评价人的绩效进行 360 度的评价方法，也就是全面性评价，一般来说评价者由被评价人的上级、同级人员、下级和（或）内部客户、外部客户以及被评价者本人担任，这些评价者从不同的角度对被评价者进行全方位的评价，通过评价结果的反馈，使被评价者改进工作，提高工作绩效。可以看出，360 度是一种多源信息反馈的评价系统，因此也被称为多评估者评价系统或多源反馈系统。[①]

① 付亚和，许玉林．绩效管理[M].3 版．上海：复旦大学出版社，2014.

（二）360 度评价方法的优缺点

360 度作为一种新的评价方法，有其优点也有其不足。

1.360 度的优点

与传统的由被评估者主要由直接上司进行评估的方法相比，360 度的优点体现在三个方面：比较公平公正、减少了考核结果的偏差、有利于组织成员之间的沟通。

360 度评价法的优点具体如图 5-11 所示。

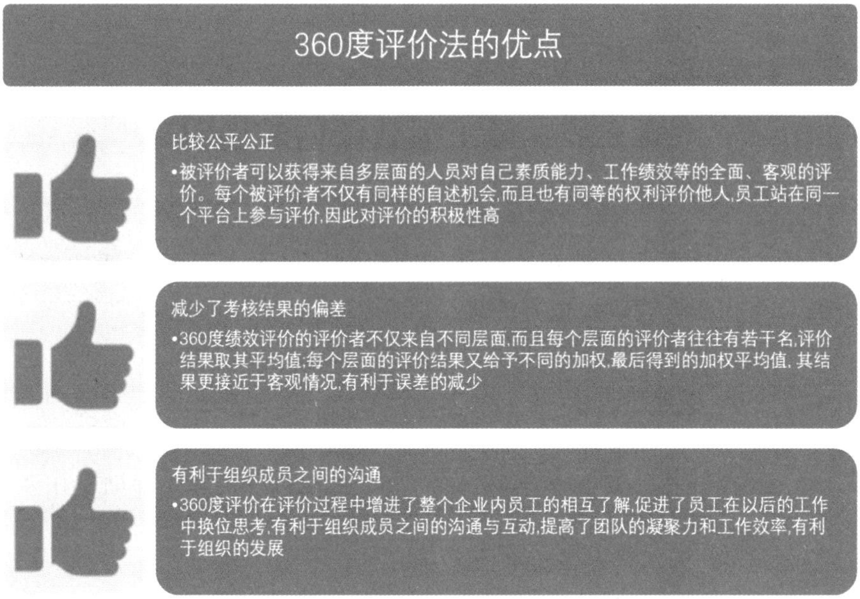

图 5-11　360 度评价法的优点

正因为以上优点，目前 360 度绩效评价技术一般应用于管理者和员工的自我评价与发展，绩效评估以及企业高层候选人的评价，组织变革与发展等领域。

2.360 度的不足

360 度的不足主要表现为图 5-12 的三个方面。

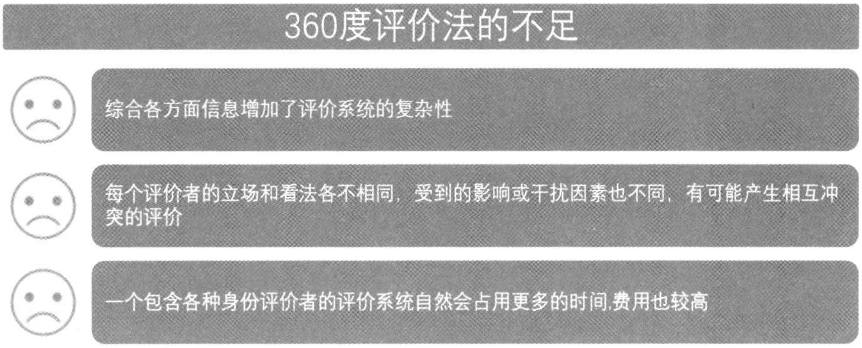

图 5-12　360 度评价法的不足

（三）360 度在实施中的障碍和克服建议

360 度评价方法产生于西方，它是与西方的文化观念相适应的，在我国推行 360 度评价方法，因为文化差异性的存在，会产生推行中的阻碍，影响 360 度评价方法的效果。

1.360 度在实施中的可能障碍

（1）害怕下级评估的心理

360 度评估方法的评估者可能是被评价者的下级，由下级对自己进行评价会使上级有一种权威被挑战的感受，会不容易接受，这种害怕下级评价的心理是推行 360 度评价方法的一大障碍。

（2）文化传统观念的冲突

东西方之间存在明显的文化差异，东方文化，尤其是中国文化含蓄、保守，不愿意表露自己的想法，展示真正的自我，来自于西方开放性文化的 360 度评价方法，会让中国的员工有抵触情绪，从而不利于 360 度评价方法的实行。

（3）下属惧怕权威心态

一般来说，在企业中，下级员工对上级领导都有一种惧怕感，尤其是上级领导对下级的未来发展有着一定的决定权，因此在对上级进行评价时，下级员工会有各种各样的利害考虑，而不敢表达自己真实的想法，从而都会给上级较高的评价。有些时候，与上级有矛盾的下级也会借此发泄不满，给上级较差评价。这都会导致 360 评价方法的客观性缺失，影响了 360 度评价法的应用效果。

（4）情感好恶与利益冲突

员工处在同一个公司，有的存在共同利益，有的存在利益冲突，员工之间的关系也不同，有的相处融洽，有的存在矛盾，这些都会影响评价者的评价行为，使其面对不同的被评价者时，按照自己的主观意愿进行评价，影响评价结果的公正性。

2.360 度在实施中的建议

（1）取得公司高层领导的支持

在现代企业中推行 360 度评价方法，首先要获取高层领导的支持。只有高层领导对此高度支持，并非常重视，企业中的员工才能全力配合，不仅会转变传统的观念，还会严格按照正确的操作规范和要求，进行相应的评价。因此，高层领导的支持是推行 360 度评价方法的重要保障。

（2）倡导公平、参与和开放的文化理念

企业的文化会对 360 度评价方法的推行起到重要的作用。为了推行 360 度评价方法，企业要形成开放性的文化，要敢于听取员工意见，并倡导公平公正的标准，这样员工才有积极参与的意识和意愿，也才能保证 360 度评价方法的顺利实施。

（3）加强宣传与沟通

许多企业或者员工对 360 度评价方法的认识不够，这是导致 360 度评价方法难以推行的重要原因。因此要加强宣传与沟通，宣传 360 度评价方法的内涵与操作，介绍这一评价方面的优点和目的，从而使员工对 360 度评价方法有正确的认识，在员工接受之后，再进行推行就相对来说比较顺利了。在推行过程中，也要注意及时沟通，发现推行过程中的问题及员工的意见，便于及时调整策略，有利于 360 度评价方法的进一步推行。

二、关键绩效指标

关键绩效指标的英文是 Key Performance Indicators，也就是我们平常见到的 KPI。它是衡量企业战略实施效果的关键指标，其目的通过机制的建立，让企业的战略转化为具体的过程和活动，不断提高企业的核心竞争力，使企业不断获得高收益。通过 KPI 可以使企业的发展战略落地，对于传达公司的价值导向、激励员工有着重要的意义。

（一）关键绩效指标的内涵与意义

1. 关键绩效指标的内涵

现代企业在运营过程中会有一些关键的成功要素，关键绩效指标就是对这些要素的提炼和归纳。它通过一定的流程提炼与归纳出一些目标式量化指标，实现企业目标到可操作目标的转化。关键绩效指标两个重要的特征是可量化和可行为化，如果不具备这两个特征，也就不是关键绩效指标。

关键绩效指标有不同的分类，根据不同的评价实施主体，大致可以分为图 5-13 中的几类。

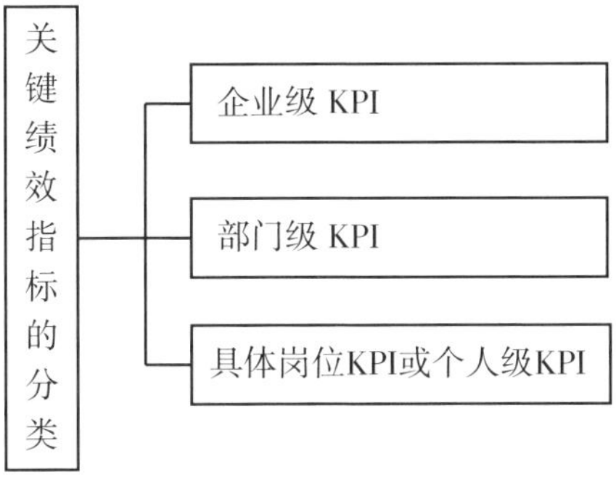

图 5-13　关键绩效指标的的分类

图 5-12 中的三类关键绩效指标并非完全独立的，而是存在相互依赖的关系。在进行绩效评价时，三者也应该综合考虑，避免出现评价的片面性而导致评价结果的不准确。

2. 建立关键绩效指标的意义

关键绩效指标体系的建立是一种理念的创新，提高了战略在绩效评价中的地位。具体来说，其意义体现在以下几个方面。

（1）通过关键绩效指标的建立，部门或者个人的目标是对企业战略目标的分解，从而保持了目标方面的一致性，从而有利于形成合力，共同促进企业的可持续发展。

（2）建立关键绩效指标，可以保证企业战略目标的落地和实施，也是对员工行为的约束，使其按照企业的发展战略进行劳动。同时，企业的发展战略会根据内外部环境的变化而有所调整，这些可以通过关键绩效指标来对员工的行为进行引导，保证企业战略目标的实现。

（3）关键绩效指标的数据相对客观和公正，会减少或者避免主观绩效评价中出现的误差，有利于员工对评价方式的认同，客观真实的评价也能更好地激励员工积极参与工作。

（4）关键绩效指标的建立，明确了企业发展的关键因素，从而使管理者明白工作的重点及各部门的责任，可以使绩效管理更加有效，从而提升企业的整体核心竞争力。

（5）关键绩效指标建立后，成为员工与管理人员的共识，员工可以与管理人员围绕其进行相关的沟通，有利于工作的顺利进展和工作效果的取得，从而促进企业的发展。

（二）关键绩效指标建立的原则与程序

1. 建立 KPI 体系应遵循的原则

建立关键绩效指标必须遵循一定的原则，如图 5-14 所示。

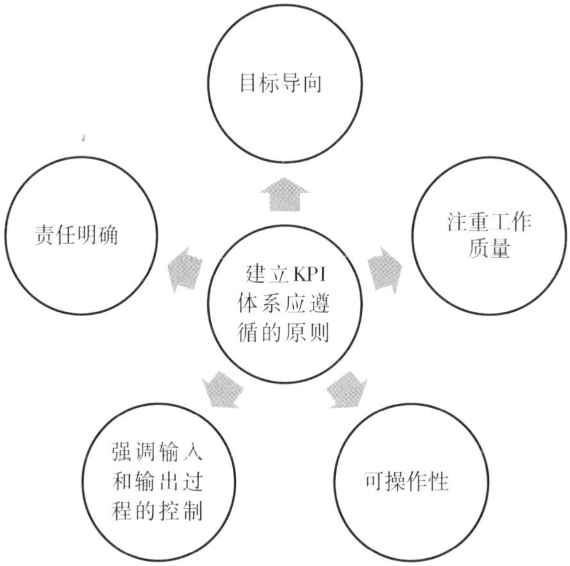

图 5-14　建立 KPI 体系的原则

2. 设计关键绩效指标体系的程序

关键绩效指标的意义毋庸置疑，但是要建立合理的关键绩效指标并不是轻轻松松就能实现的。有些企业管理者，希望只靠自己的想象就建立起相关指标，这也只能是幻想。关键绩效指标体系的建立与设计是集体智慧的结晶，需要公司所有人群策群力，更需要专家的参与。专家在了解了企业的战略目标、组织结构和运行情况后，与企业的人员共同分析企业的重点，并找出相关的关键绩效指标，形成企业级 KPI。然后各部门根据实际将企业级 KPI 进行分解，形成部门 KPI，然后通过进一步的分解细化形成个人级的 KPI。

一般来说，关键绩效指标体系的建立步骤如图 5-15 所示。

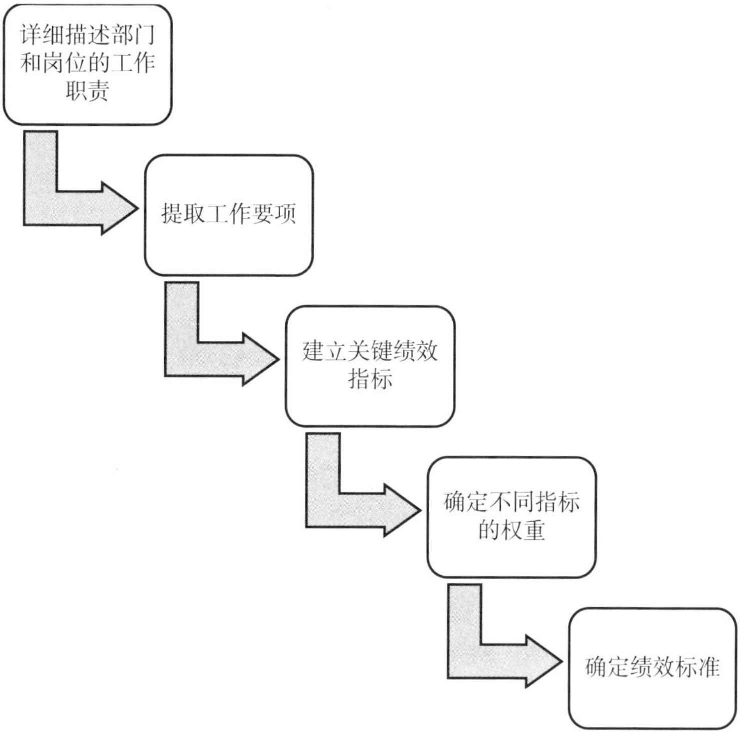

图 5-15　关键绩效指标体系的建立步骤

三、平衡计分卡

目前，许多企业在管理中引入平衡计分卡。国内理论界对平衡计分卡也做了不少理论阐述，许多企业也开始不断关注或准备引入平衡计分卡。

（一）平衡计分卡的提出

企业在早期的绩效管理中采取的一般都是以财务为单一衡量指标考核企业经营绩效的模式，这种模式存在着两方面的缺陷，如图 5-16 所示。

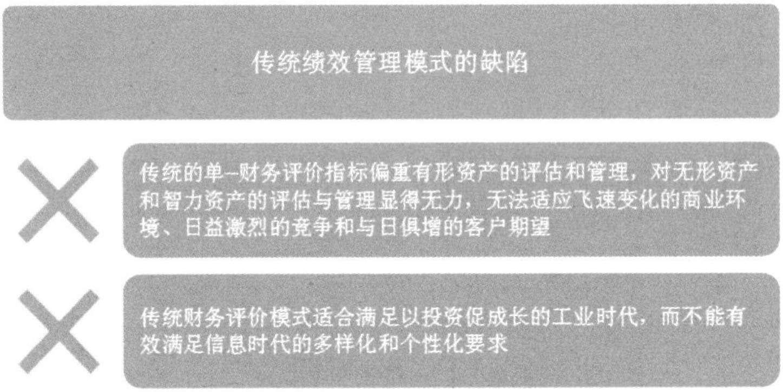

图 5-16　传统绩效管理模式的缺陷

传统以财务为单一评价标准模式的缺陷，影响了现代企业在信息化时代的发展。因此，许多学者开始研究多源绩效评价指标，这也促进了平衡计分卡的产生。平衡计分卡由哈佛大学的卡普兰（R.S. Kaplan）教授和来自波士顿的顾问诺顿（D.P.Norton）两个人共同开发。1990 年，他们带领一个研究小组，对 10 多家公司进行研究。他们认为依靠财务指标的绩效评价会影响公司创造价值的能力，于是讨论了多种可能替代的方法，最后决定用一种包括整个企业组织活动的绩效指标计分卡观念，这种方法的名字就是平衡计分卡。

（二）平衡计分卡的概念

平衡计分卡是一个战略实施工具，它能够将企业的战略落实到可行的目标、可衡量的指标和目标值上。通过平衡计分卡，企业能够随时掌握财务目标，同时给予关键能力的进展关注，并可以对无形资产进行开发。平衡计分卡在传统的考虑财务因素的基础上，增加了对客户、内部流程、学习 / 成长三个重要方面的关注，有利于企业的全面发展。

1. 平衡计分卡的维度和要素

财务、客户、内部流程和学习 / 成长是平衡计分卡的四个维度，每一个维度都包括目标、绩效指标、目标值和行动计划。

（1）财务角度

平衡计分卡的财务维度如图 5–17 所示。

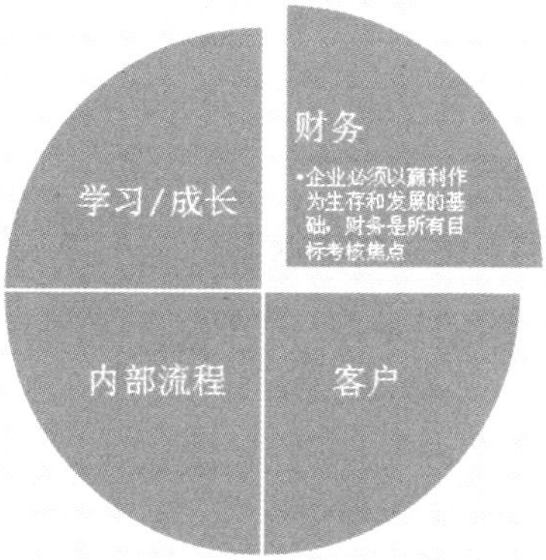

图 5–17　财务角度

（2）客户角度

平衡计分卡的客户维度如图 5–18 所示。

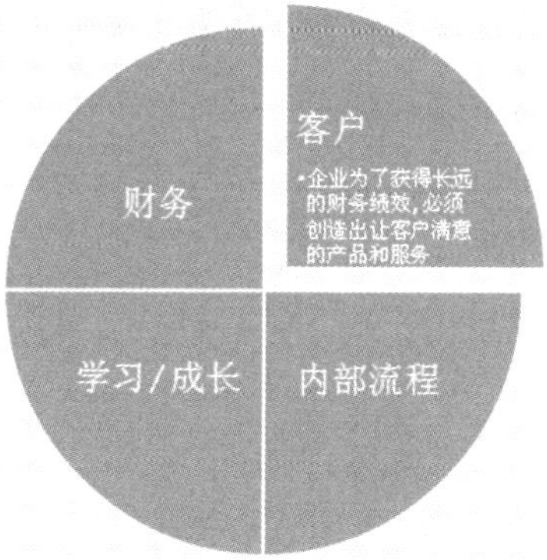

图 5–18　客户角度

（3）内部流程角度

平衡计分卡的内部流程维度如图 5-19 所示。

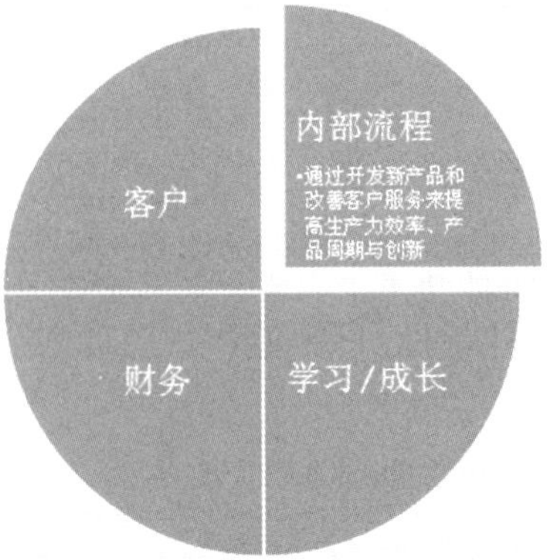

图 5-19　内部流程角度

（4）学习 / 成长角度

平衡计分卡的学习 / 成长维度如图 5-20 所示。

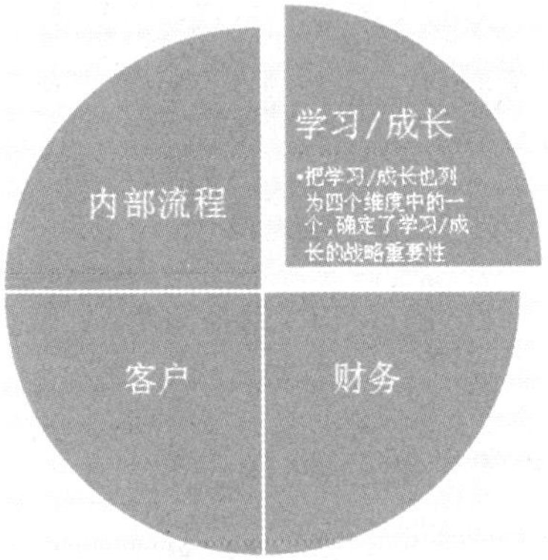

图 5-20　学习 / 成长角度

2. 平衡计分卡的功能

在现代企业中，平衡计分卡受到了较广泛的关注和应用，这是因为它具备多方面的功能。

（1）平衡计分卡具有战略管理功能，它可以帮助企业控制工作中的关键流程，并根据需要合理配置资源，借此实现企业发展战略到具体可操作目标的分解转化。

（2）平衡计分卡使战略管理系统得到发展与强化，因为其将个人、部门与企业战略目标联系起来，保持统一，还将具体目标与战略目标连接了起来，方便了企业战略的管理与落地。

（3）平衡计分卡发挥功能会根据企业的实际进行，不同性质的企业，处于不同发展阶段的企业，平衡计分卡发挥的作用不同，但是都能为企业的发展提供支持。

（4）平衡计分卡可以有效推动企业的变革。通过平衡计分卡的应用，可以处理好组织内外部的各种关系，为组织的变革提供良好的环境和条件，保证变革的实现。

（5）激励功能是平衡计分卡的一个重要功能。通过平衡计分卡，员工完成自己的工作，通过自己工作的完成促进企业发展目标的实现，从而产生自我的激励。此外，通过工作的完成，还可以获得相应的报酬，或者接受一定的指导，从而产生外部激励。

（三）平衡计分卡的运作程序与注意问题

平衡计分卡一开始只是一种衡量方法，随着自身的发展，成为一种战略管理工具。这说明平衡计分卡的内涵是多样的，它是战略系统、沟通系统和执行系统的三位一体，能够发挥多种类型的功能。因此，在引进平衡计分卡时，要对企业的现状和需求有清晰的认识和了解，不能随意而为。

1. 平衡计分卡的运作基本程序

平衡计分卡运用时，需要按照一定的程序进行，主要包括建立愿景、沟通、业务规划、反馈与学习。

平衡计分卡的运作程序具体如图 5-21 所示。

2. 平衡计分卡运作中需要注意的问题

企业在运用平衡计分卡时，要注意一些问题，并采取一定的措施解决这些问题。

（1）高层管理者的充分参与和支持

作为一种战略工具，平衡计分卡实施起来比较麻烦，涉及全体部门。因此，必须获得高层管理者的参与与支持。有了高层管理者的参与支持，各部门和员工会对平衡计分卡的运用予以坚决的配合。企业全体上下形成一股力量，共同推进平衡计分卡的运用。

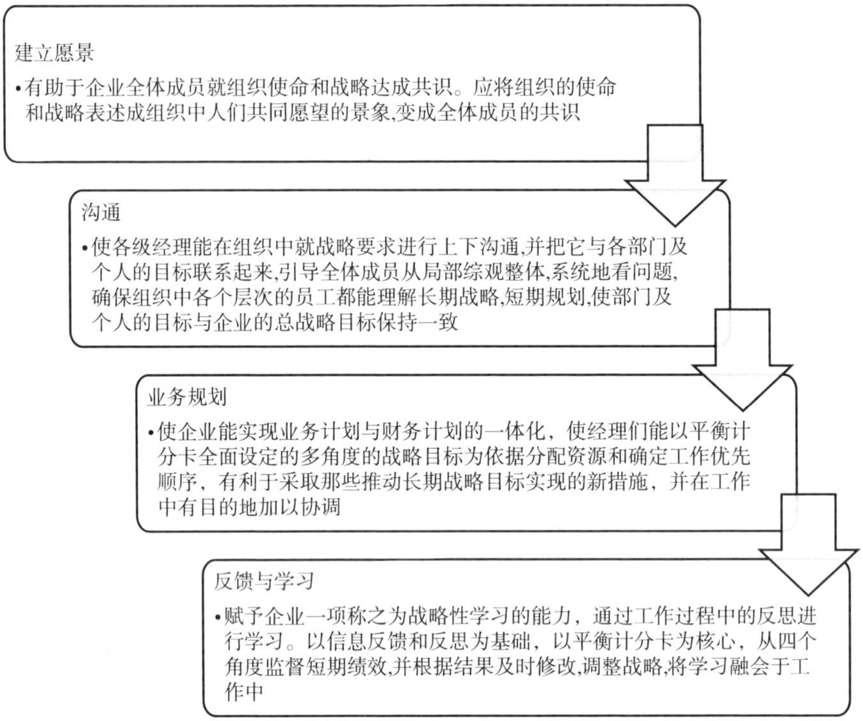

图 5-21 平衡计分卡的运作程序

（2）实施平衡计分卡是提高战略管理能力的契机

平衡计分卡的功能是多种多样的，对我国企业来说，引进它也很有必要。但是要保证平衡计分卡发挥作用，企业必须有先进的管理理念和一定的工作流程。因此，有了引入平衡计分卡的需求和想法后，企业管理者要不断提高自己的管理水平，敢于与导入过程中遇到的困难挑战，有“有志者事竟成”的决心和勇气。

对于我国的企业来说，要实施平衡计分卡，现实的做法是先创建企业战略管理模式，为平衡计分卡的设计奠定基础，然后还要建立员工绩效管理系统，在系统建立时融入平衡计分卡的概念与方法，支撑企业的发展。

（3）确定关键成功因素之间的关系

平衡计分卡作用的发挥，取决于平衡计分卡的合理设计。在设计平衡计分卡时，要认真分析和总结各项指标，明确各项指标之间的关系，使各项指标相互促进。然后对企业的各项工作和信息进行分，以得出的分析结果为依据，结合平衡计分卡的理论框架，较为明确地识别不同层面的关键成功因素及衡量标准。

（4）明确不同层面的关键成功因素的构成及衡量标准

企业要引入平衡计分卡，要对自己的关键成功因素有明确的认识和了解。关键成功因素是企业在激烈的市场竞争中保持不断发展的重要原因。要通过多种手段，对这些关键成功因素进行分析、归纳和总结。在得出关键成功因素的构成后，还要对不同因素的衡量标准进行制定。在明确了关键成功因素的构成及衡量标准后，平衡计分卡才有推行的条件，才能为企业的发展发挥应有的作用。

（5）建立较完整的基础数据系统

平衡计分卡的运用还要以基础数据系统为基础，如果基础数据系统不完整，则会导致平衡计分卡的实施出现问题。

对于大多数企业来说，由于以往采用的是财务单一标准的绩效管理模式，因此企业除了在财务数据方面不存在问题之外，在平衡计分卡的其他三个维度方面都存在数据的缺失问题。从这方面看，即便引入了平衡计分卡，也会由于基础数据方面的缺失，而使平衡计分卡的功能无法得到发挥。

因此，如果企业想要引入平衡计分卡，首先要对自己公司的现实情况，尤其是内部数据基础进行分析，如果基础数据薄弱，那么就要在收集信息方面下功夫，通过各种突进，解决数据基础方面存在的问题，为平衡记分卡的引入奠定良好的基础。同时，信息是不断更新和完善的，即便是在引入平衡计分卡之后，也要做好数据采集工作，保证平衡计分卡的有效。同时也要意识到，平衡计分卡并非完美的，要容忍其实施中的某些不足，持续不断的改进，使其日臻完善，取得成效。

（6）畅通的沟通

畅通的沟通是平衡计分卡非常依赖的。无论是在关键成功因素的明确时，还是在平衡计分卡的运用时，都需要企业上下的良好沟通为平衡计分卡提供丰富的信息。而且，平衡计分卡的不断改进和完善，也需要企业员工及时反馈自己的意见，提出自己的建议。总之，沟通畅通了，平衡计分卡发挥的作用才能更加有效。

第六章

现代企业员工薪酬福利方案

员工提供劳动，主要目的就是获取报酬，满足自己及家庭的生存与发展需要。企业的薪酬福利方案对企业对人力资源的吸引力有着重要的影响，有着完善的薪酬福利方案的企业，对高素质人力资源的吸引力越大，越能为自己争取较多的人力资源，也能为自己的发展提供人才条件。

第一节　员工薪酬与福利管理概述

一、薪酬及薪酬管理概述

薪酬涉及企业的成本支出，是企业管理者非常关注的；薪酬是企业与工农的收入，是其生活的支撑，也是企业员工非常关注的，可以说，薪酬问题是企业与员工的利益冲突所在。因此，在人力资源管理中，薪酬管理是非常核心的内容，也是非常复杂、敏感的工作。对于企业来说，薪酬管理甚至影响着企业组织战略的实现。

（一）薪酬

1. 薪酬的概念

薪酬具有广义和狭义之分。

广义的薪酬也称为劳动报酬，是指员工因向所在组织提供劳动或劳务而获得的各种形式的报酬，包括经济性报酬和非经济性报酬两大类。

经济性报酬又可分为直接经济性报酬和间接经济性报酬。直接经济性报酬是按照一定的标准以货币形式向员工支付的报酬，如基本工资、奖金、津贴、分红、股票与期权等。间接经济性报酬不直接以货币形式发放，但可以给员工带来生活上的便利、减少员工额外开支或者免除员工后顾之忧，如保险、福利、带薪休假等。

非经济性报酬是指无法用货币等手段来衡量，但会给员工带来心理愉悦的一些因素，包括与工作本身相关的因素，如工作的挑战性、成就感、个人成长等，以及与工作环境相关的因素，如工作条件、工作地点、工作时间等。

狭义的薪酬是指员工在向组织提供有效劳动后，从组织获得的全部显性或隐性的经济性收入，即直接和间接的经济性报酬，也是我们通常所讲的薪酬。

2. 薪酬的表现形式及组成

（1）薪酬的表现形式

薪酬体现为基本薪酬、可变薪酬及间接薪酬三种主要形式。

基本薪酬是组织根据员工所承担或所完成的工作，或者所具备的完成工作的技能或能力，而向员工支付的稳定性报酬。基本薪酬在员工所有工资收入中占有较大的比例，是员工收入的主要部分，它不仅为员工提供了基本的生活保障和稳定的收入来源，而且还往往是确定可变薪酬的一个主要依据。因此，基本薪酬对于员工来说是至关重要的。[①]

可变薪酬是指薪酬系统中与组织和员工绩效直接挂钩的奖金、绩效奖励或绩效工资。一般包括日常工作绩效工资、年终效益奖、单项奖励

① 齐义山，谢丽丽．人力资源管理[M]．西安：西安电子科技大学出版社，2017.

（如超产奖）、安全生产奖等短期激励；另外一种是针对组织的经营者或管理层等核心员工设计、实施的长期激励部分，也叫资本工资，如股票、期权等。

间接薪酬指各种福利项目，包括法定福利和企业自定福利。法定福利如养老、医疗、失业、工伤、生育等保险，企业自定福利包括员工年休假、住房补贴，以及企业为员工提供的各种服务等。

（2）薪酬的组成

员工薪酬一般由以下几部分组成。

基本工资。基本工资是企业按照一定时间周期，定期向员工发放的固定报酬。主要反映员工所承担职位的价值或者员工所具备的技能或能力的价值。基本工资对于员工来说是至关重要的，是员工从组织那里获得的较为稳定的经济报酬，为员工提供了基本的生活保障和稳定的收入来源。

绩效工资。绩效工资是根据员工的年度绩效评价结果而确定的对基础工资的增加部分，它是对员工的优良工作绩效的一种奖励，也称浮动工资。它随着员工工作绩效的变化而变化，反映不同员工或不同群体之间的绩效水平的差异。

奖金。奖金是对员工的超额劳动和贡献给予的报酬，也称激励性工资，分为个人奖励和团队奖励。奖金与员工未来业绩挂钩，它在实际业绩达到之前就已经确定。奖金的支付对象是正常劳动以外的超额劳动，随工作绩效而变动，只付给那些符合奖励条件的企业员工。因此，与基本工资相比，奖金具有非常规性、浮动性和非普遍性的特点。

津贴补贴。津贴补贴是指对员工在特殊条件下的劳动消耗或额外生活支出的补偿。如对夜班工作的员工会给予夜班工作津贴，对出差的员工会给予一定的差旅补助。通常把与工作联系的补偿称为津贴，把与生活相联系的补偿称为补贴。通常使用的有岗位津贴、加班津贴、轮班津贴等。

福利。福利指企业依据国家的强制性法令及相关规定，以企业自身的支付能力为依托，向员工提供的各种以非货币和延期支付形式为主的补充性报酬，包括国家法定福利和组织资源福利两部分，旨在为员工生活提供方便与保障，提高企业员工工作和生活质量，增强员工归属感与企业凝聚力。

股权。股票期权是针对员工的一种长期报酬形式，主要包括员工持股计划和股票期权计划，员工持股计划主要针对企业中的中基层员工，而股票期权计划则主要针对中高层管理人员、核心业务和技术人才。

上述工资组成的各部分，基本工资对应的是基本薪酬，绩效工资、奖金及股权属于可变薪酬，津贴、补贴和福利等属于间接薪酬。

3. 薪酬的功能

薪酬系统是组织人力资源管理的核心内容之一，每一个优秀组织的薪酬系统都具有相同的三个功能。

（1）保障功能

员工作为企业的人力资源，通过劳动取得报酬来维持自身的衣食住行等基本需要，保证自身劳动力的生产。薪酬的保障功能主要体现在满足员工的物质需求、安全保障需求以及精神和个人地位的需求三个方面。

（2）激励功能

报酬不仅决定员工的物质生活条件，而且是体现员工社会地位的重要因素，是全面满足员工多种需要的经济基础。报酬是否公平，直接影响员工的积极性。正常合理的报酬分配，有助于调动员工的积极性；反之，则会挫伤员工的积极性，从而丧失报酬的激励功能。薪酬激励功能的典型表现是奖金的运用。奖金是对工作表现好的员工的一种奖励，也是对有效超额劳动的报偿。

（3）调节功能

薪酬的调节功能主要表现在劳动力的合理配置和劳动力素质结构的合理调整两个方面。在通常情况下，企业一方面可以通过调整内部报酬水平来引导内部人员流动；另一方面对外则可以利用报酬的差异来吸取急需的人才。

（二）薪酬管理

1. 薪酬管理的含义

薪酬具有保障、激励和调节功能，这也体现了对薪酬进行管理的重要性，要使薪酬的功能得到充分发挥，必须进行科学的薪酬管理。薪酬管理是指以组织的发展战略为指导，在考虑各种影响因素的基础上，以员工的劳动或服务为依据确定其薪酬水平、结构和形式，并调整和控制薪酬的过程。通过薪酬管理，可以增强企业对人才的吸引力，留住符合企业需要的员工，激发员工的工作热情和潜能，最终促进组织目标的实现。

通过薪酬管理的概念，可以发现有薪酬水平、薪酬结构、薪酬形式、薪酬调整和薪酬控制等名词，具体如图 6-1 所示。

薪酬水平	薪酬结构	薪酬形式	薪酬调整	薪酬控制
·组织内部各类职位和人员平均薪酬的高低状况，反映了组织支付薪酬的外部竞争性	·组织内部各类职位和人员之间薪酬的相互关系，反映了组织支付薪酬的内部一致性	·在员工和组织总体的薪酬中，不同类型的薪酬的组合方式	·组织根据内外部各种因素的变化，对薪酬水平、薪酬结构和薪酬形式进行的变动	·企业对支付的薪酬总额进行预算和监控，以维持正常的薪酬成本，避免给组织带来过重的经济负担

图 6-1　薪酬的相关概念

正确理解薪酬管理的含义，必须把握以下几点。

（1）薪酬管理是人力资源管理的重要一环，其目的在于实现组织的经营战略目标，因而薪酬管理必须服从并服务于组织经营战略，同时薪酬管理必须在组织经营战略和发展规划的指导下，与组织的其他管理环节相互配合，为组织经营战略的实现提供有力支撑。

（2）薪酬管理的直接目的是吸引和留住符合组织需要的员工，并激发他们的工作热情和各种潜能。因此，在薪酬设计过程中必须考虑组织内外因素的影响和作用，既要保持企业雇员薪酬水平的外部竞争性和内部公平性，又要保证各类薪酬组合方式在激励方面的有效性。

（3）薪酬管理工作绝不仅仅是为企业雇员发工资这么简单，它同企业其他管理工作一样，需要有科学、先进的管理理念做支撑；需要运用计划、组织、领导和控制等管理职能开展工作；尤其需要随着组织和社会的发展，不断进行调整和变化。

2. 薪酬管理的特性

在人力资源管理中，与其他的工作相比，薪酬管理有一定的特殊性。

具体如图 6-2 所示。

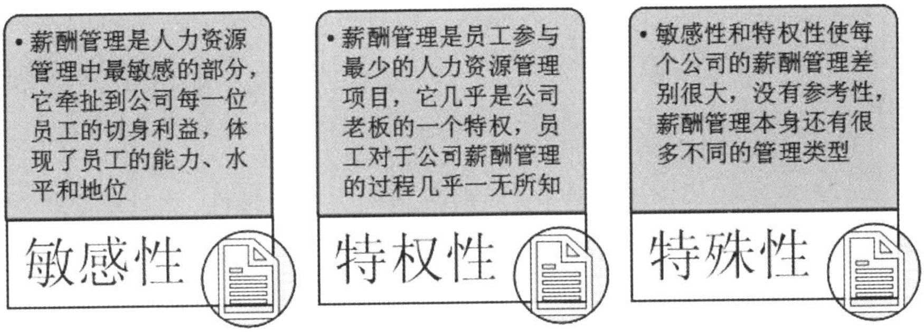

图 6-2　薪酬管理的特性

3. 薪酬管理的内容

（1）确定及调整薪酬水平

薪酬水平是指企业中各职位、各部门以及整个企业的平均薪酬水平。薪酬水平决定了企业薪酬的外部竞争性。企业需要确定其薪酬水平是跟随市场平均水平还是领先于平均水平。随着市场竞争的加剧和全球一体化水平的不断提高，人们关注的视角由关注企业整体薪酬水平转向了关注职位之间或不同企业同类工作之间的薪酬水平比较，并在这种薪酬水平的比较之下，重新做出选择。在人才竞争越来越激烈的今天，企业要吸引人才、留住人才，必须关注其薪酬外部竞争性问题，当薪酬水平尤其是关键岗位的薪酬水平落后于市场平均水平了，应在实际情况分析基础上及时做出调整。因而，同行业或地区中竞争对手支付的薪酬水平成为企业薪酬决策中需要考虑的重要影响因素。

（2）改善薪酬结构

薪酬结构不等同于薪酬构成，薪酬构成表明薪酬由哪几个部分组成，薪酬结构则指同一组织内各种工作或岗位之间薪酬水平的比例关系，包括不同层次工作之间报酬差异的相对比值和不同层次工作之间报酬差异的绝对水平。薪酬结构包含三方面内容：组织内部以职位或等级区分的薪酬等级的数量，同一薪酬等级内部的薪酬变动范围（或薪酬变动比率），相邻两个薪酬等级之间的交叉与重叠关系。

薪酬结构合理与否，会对员工的流动率和工作积极性产生重大影响。如果薪酬结构不合理，不同层次工作之间差异小，即薪酬的内部差距小，从事重要的、复杂的、难度大的工作的员工，其薪酬与从事次要工作或辅助工作以及从事难度小、强度小的工作的员工没有差距或差距过小，薪酬趋向于平均主义和“大锅饭”，则有可能导致出现“想留的人留不住，不想留的人一个也不走”的被动局面。因此，企业应制定合理的薪酬结构。

此外，由于决定薪酬的一些因素，如劳动力市场价格、组织结构、竞争对手薪酬结构等因素的变化，原薪酬结构失去合理性，此时也必须对薪酬结构作适当的调整，使之趋向完善并起到激励作用。

（3）设计薪酬体系

薪酬体系明确了员工所在组织向员工付薪的依据和标准，它向员工传达了在组织中什么是有价值的，并且为向员工支付报酬建立了政策和程序。当前，国际上通行的薪酬体系主要有三种，即职位（岗位）薪酬体系、技能薪酬体系以及能力薪酬体系。其中，职位薪酬体系是指企业在确定员工的基本薪酬水平时所依据的是员工从事工作的自身价值；而技能薪酬体系所依据的是员工自身的技能水平；能力薪酬体系所依据的是员工所具备的胜任能力或综合性任职资格。

不同的组织在选择薪酬体系时，会依据组织的性质、工作的特点、岗位的要求等选择不同的薪酬体系。其中，职位薪酬体系的运用最为广泛。发展至今，更多组织不再单纯采取何种薪酬体系，而是根据工作的岗位不同，采取不同的付薪依据或标准，又或者将以上薪酬体系结合起来运用，分别设计不同的薪酬模块以考量工作、员工技能水平和能力素质。

（4）薪酬预算与成本控制

薪酬预算是指为了实现薪酬管理的目标而进行的一系列成本开支方面的权衡和取舍，包括对未来薪酬系统总体支出的预测和工资增长的预测。薪酬成本控制是运用成本控制的方法和手段，调整员工薪酬上涨的需求与企业成本控制之间的矛盾。

如果说薪酬预算作为薪酬管理的例行工作有一定规律可遵循，薪酬成本控制则相对复杂和困难。一方面，员工对薪酬有持续上涨的需求，而企业则希望通过控制薪酬成本以实现组织利润目标；另一方面，组织支付能力有可能跟不上薪酬成本扩张的要求。要解决这个问题，企业必须明确并贯彻其薪酬战略，在保证薪酬公平性和薪酬功能正常发挥的前提下，提高利润水平，同时把薪酬成本控制在组织预期的、能够承担的范围内。

（5）薪酬沟通

简而言之，薪酬沟通就是企业就各种薪酬信息，包括薪酬战略、薪酬制度、薪酬水平、薪酬结构等问题与员工进行全面沟通，让员工了解薪酬决策的过程，并对薪酬体系执行情况予以反馈，从而达到薪酬激励的目的。完善的薪酬管理既要保证薪酬方案制定的合理性和科学性，又要制定完善的沟通策略来宣传企业的薪酬政策，统一员工对薪酬的认识。

4. 薪酬管理的原则

（1）公平性原则

公平性原则包括内在公平和外在公平两个方面。

内在公平是指组织内部员工的一种心理感受。组织的薪酬制度制定以后，首先要让组织内部员工对其表示认可，让他们觉得与组织内部其他员工相比，其所得薪酬是公平的。内部公平既包括横向公平，也包括纵向公平。

外在公平是指与同行业内其他组织特别是带有竞争性质的组织相比，组织所提供的薪酬是具有竞争力的，即组织的薪酬设计与同行业的同类人才相比具有一致性。只有这样才能保证在人才市场上招聘到优秀的人才，也才能留住现有的优秀员工。因此，薪酬的外部公平实质上就是薪酬的外部竞争性。

（2）竞争性原则

在人才市场中，组织要提出富有吸引力的薪酬标准，才足以战胜其他组织，招到所需人才。但是组织的薪酬标准在市场上处于一个什么位置，要视该组织的财力、所需人才的可获得性等具体条件而定。竞争力是一个综合指标，有的组织凭借良好的声誉和社会形象，在薪酬方面只要满足外在公平性的要求也能吸引优秀人才。

（3）经济性原则

确定薪酬水平，除要考虑对员工的激励，还要控制成本。薪酬水平提高了，一般来说能使竞争性与激励性得到提高，同时人力成本也会提高。在确定薪酬时，一定要看投入与产出之间的关系，尽量用较少的投入换取较多的收入，这就是薪酬管理的经济性原则。

（4）激励性原则

激励性原则要求薪酬与员工的贡献挂钩。如果企业内部员工的薪酬与个人对企业的贡献之间的匹配性不强，没有起到很好的激励作用，就会引起员工的不满。因此,要反对平均主义,薪酬分配应适度向高岗位、关键人才、市场供给短缺人才倾斜。同时,要适当地拉开薪酬差距,让贡献大者获得较高的薪酬,以充分调动他们的积极性。

(5)合法性原则

组织的薪酬制度必须符合国家的政策和法律、法规,符合国家及地方有关劳动用工及人事的法律、法规,尤其要体现对劳动者的尊重、公正,避免不应有的歧视,这是薪酬管理应遵循的最基本原则。我国目前这方面的法律法规有《劳动法》《企业职工奖惩条例》《企业最低工资规定》《工资支付暂行规定》《关于企业工人职员停工津贴的暂行规定》《公司法》《破产法》等。

(6)战略性原则

薪酬设计要服从和服务于组织的战略需要。战略性原则要求我们一方面在进行薪酬设计过程中,要时刻关注组织的战略需求,要通过薪酬设计反映组织的战略,反映组织提倡什么、鼓励什么、肯定什么、支持什么;另一方面要把实现组织战略转化为对员工的期望和要求,然后把对员工的期望和要求转化为对员工的薪酬激励,体现在组织的薪酬设计中。

在薪酬管理的诸多原则中,内部的公平性和外部的竞争性是薪酬设计的两条根本性原则。

二、福利及福利管理概述

(一)福利的含义

员工福利,也称边际福利,是员工作为组织的一名成员而从组织内所获得的报酬。员工福利和员工的工资、奖金不同,它与员工的绩效无关,它是基于员工的组织成员身份而决定的。说它是边际福利,是因为它是在员工的工资边缘来支付的,不受员工工资的影响。员工福利是社会福利的重要组成部分,但是两者相比,员工福利的适用对象、资金来源及主要目的等方面均有别于社会福利。其一,员工福利的主要对象或享有主体是组织的成员,即员工;而社会福利的主要对象是社会所有成员(如文化教育卫生福利、住房福利或主要社会成员财政补贴)或某些特殊社会成员(如残疾人福利等)。其二,员工福利的资金来源主要是本单位自己提供的,或是从单位盈余、节余经费或是员工集资等途径获得的;而社会福利则是由国家或社会来提供资金的,如财政或社会团体的捐赠等。其三,组织提供员工福利的目的是保障组织员工的生活需要或员工劳动力再生产的需要,是组织给予员工劳动的一种补充报酬;而社会福利是为了满足全体社会成员或主要社会成员或一些特殊社会成员的基本生活需要,保障社会公平,维护社会稳定。

我们这里所说的福利主要是指企业为员工提供的除金钱之外的一切物质待遇。本质上说,福利只是一种补充性报酬,它往往不以货币形式直接支付给员工,而是以服务或实物的形式支付给员工,例如带薪休假、成本价的住房、子女教育津贴,等等。这些福利待遇都具有间接性雇员收入的性质。福利管理是一个越来越受到重视的问题,原因在于:一方面,许多国家的法律规定企业必须做出具体的福利计划和对雇员及其组织做出承诺;另一方面,企业为了加强对雇员的激励,也把提高福利水平、加强福利管理作为调动雇员积极性的重要措施。随着福利类型的增多,福利开支已成为雇员收入的一个重要组成部分,而且趋势还在上升。

(二)福利的作用

福利对企业的发展具有许多的重要意义,主要有六点,具体如图6-3所示。

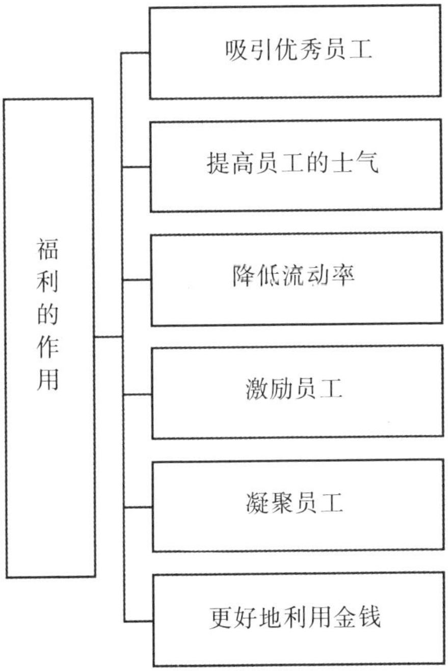

图 6-3　福利的作用

（三）福利的类型

企业中的福利五花八门，不胜枚举。每个企业除了法律政策规定的福利以外，可以提供任何有利于企业和员工发展的福利项目。福利的类型可以参考图 6-4。

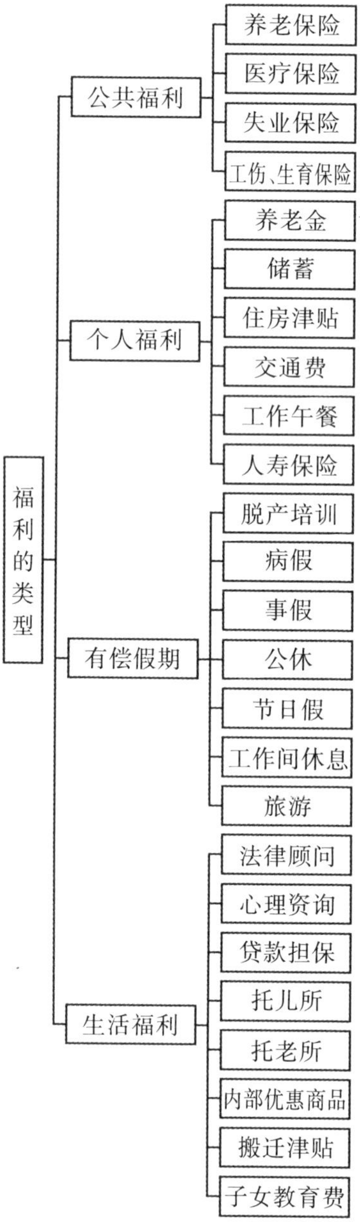

图 6-4　福利的类型

（四）影响福利的因素

影响企业中员工福利的因素很多，主要有图 6–5 中的几种因素。

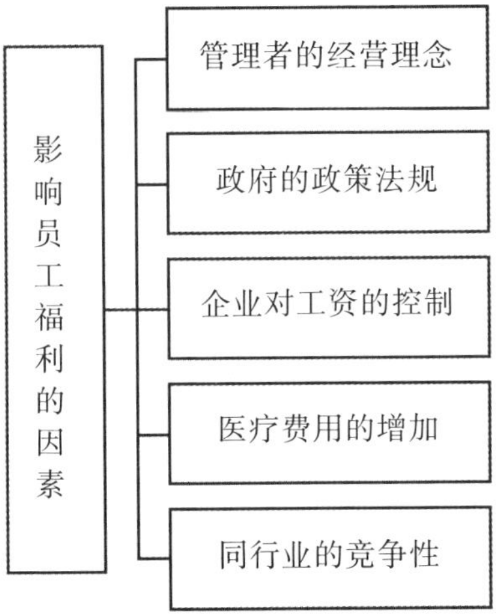

图 6–5 影响员工福利的因素

（五）福利管理

1. 福利管理的主要内容

企业向员工提供一定的福利，每个企业所提供的福利不同，这实际上体现出了不同的企业文化和价值观，因此，对于企业来说，对福利进行有效管理非常重要。有些企业虽然在福利方面投入不少，但是由于管理水平不高，没能取得理想的效果，甚至出现人员离职、企业效益下降的情况。这也说明，福利管理工作作为非常重要的工作，想做好它也不是轻而易举的事情。

福利管理的内容很多，主要有图 6–6 中的几个。

下面主要对设计福利的目标、核算福利的成本、福利的沟通、福利调查、福利的实施等进行分析。

（1）福利的目标

企业的情况和性质不同，提供的福利也不一样，这体现了企业不停的福利目标。虽然存在不同，但也有一些相似性。主要包括图 6–7 中的几个方面。

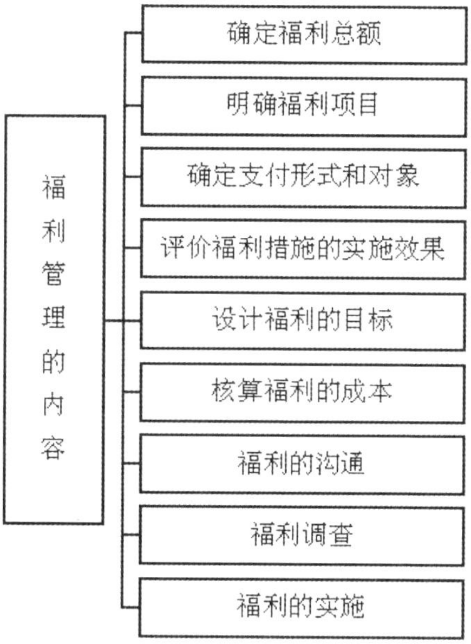

图 6-6　福利管理的内容

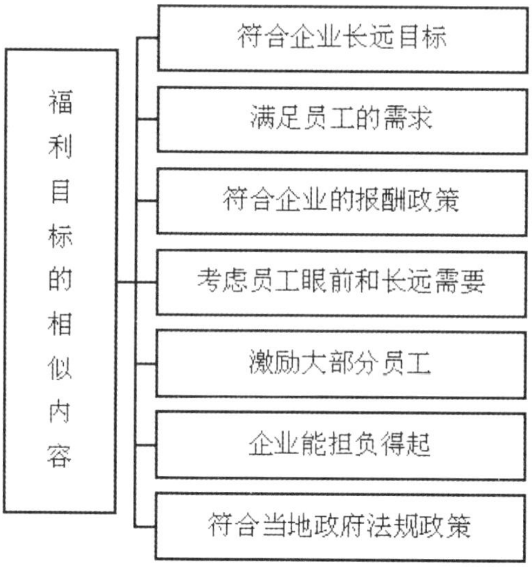

图 6-7　不同企业相似的福利目标

（2）核算福利的成本

在福利管理中，核算成本是重要的内容，需要管理者投入一定的精力。核算福利成本主要涉及的内容见图 6-8。

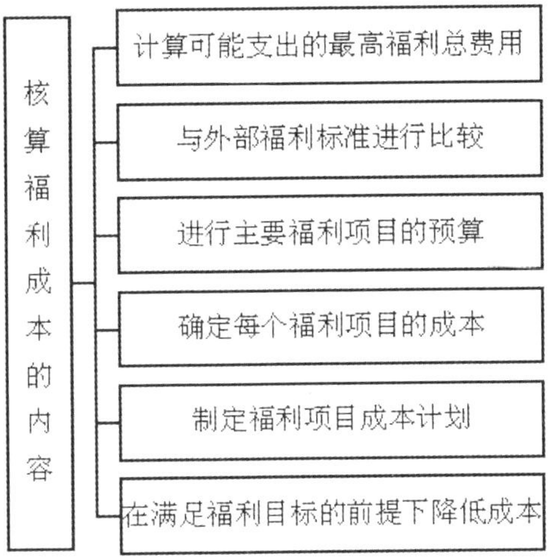

图 6-8 核算福利成本的内容

（3）福利的沟通

福利涉及企业的支出，更涉及员工的切身利益，进行福利管理，要做好企业与员工的沟通，使企业的福利发挥出其应有的功能。在现实生活中，并非在福利上投入的越多，效果越好，员工对福利的满意度也与对工作的态度相关。

福利沟通的方法见图 6-9。

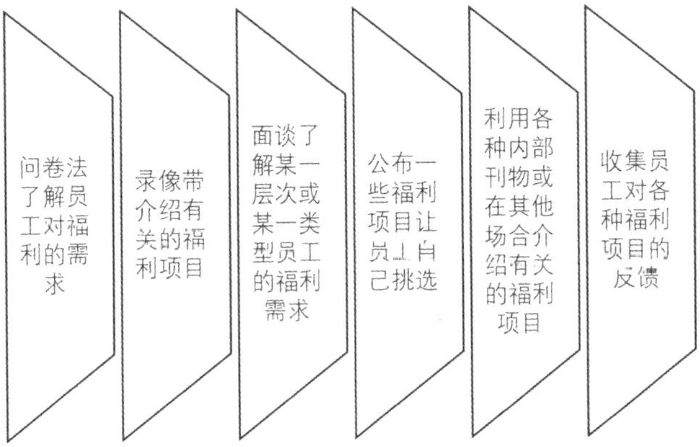

图 6-9 福利沟通的方法

（4）福利调查

对于福利管理来说，福利调查十分重要和必要。主要的福利调查有图 6-10 中的三种。

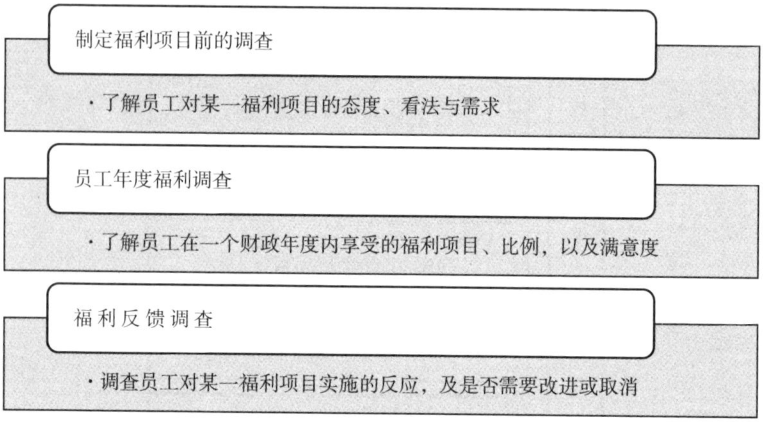

图 6-10　主要的福利调查

（5）福利的实施

福利管理中最具体的工作就是福利的实施，它关系到福利政策的落地、福利目标的实现以及福利效果的取得。具体来说，福利实施的注意要点如图 6-11 所示。

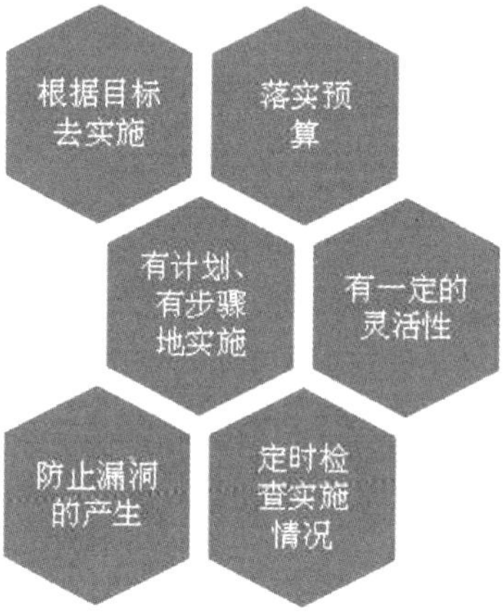

图 6-11　福利实施的注意要点

2. 福利管理的原则

福利管理有一定的原则，主要包括以下方面。

（1）合理性原则

福利管理要注意福利的投入与产出，只有产出大于投入，福利对企业来说才是有价值的。因此在进行福利管理时，一定要注意合理性，最好的情况就是用最少支出换来最大的利益。

（2）必要性原则

福利管理需要遵循必要性原则。有些福利项目是国家或地方规定的，具有强制性，企业需要严格按照规定执行，并尽量多地从员工的角度考虑福利的管理。

（3）计划性原则

凡事预则立，不预则废。福利管理也是如此，在实施福利前一定要计划先行，按照制定的计划有条不紊地实施，这样也能保障福利制度的顺利实施以及及时调整。

（4）协调性原则

企业为员工提供福利时，需要考虑员工的需要，也需要考虑员工的具体情况，有些员工的需要已经在社会上得到了相应的满足，企业就应该避免重复，确保福利的有效性和针对性。

第二节　员工薪酬管理的程序及制度设计

一、员工薪酬管理的程序

员工薪酬管理的基本程序包括以下几步。

（1）明确企业薪酬政策与目标。企业薪酬管理首先要解决两个问题：一是采用什么薪酬政策和策略，如工资优先还是福利优先、业绩优先还是表现优先、工龄优先还是能力优先、需要优先还是成本优先等必须明确；二是确立合理的薪酬目标，如企业的薪酬水平与市场的薪酬水平相比，确定在低点（25%）处、中点（50%）处，还是高点（75% ~ 90%）处，也必须明确，否则就无法进行下一步工作。

（2）进行工作岗位分析与评价。工作岗位分析与评价是制定科学合理的薪酬制度的前提和依据。工作岗位分析，即对岗位工作的性质及其内容进行分析。采用一定的技术方法全面地分析组织中各职位的工作任务、职责情况，并在这一基础上对各种工作的性质及特征做出描述，对担任各种工作需具备的资格条件做出规定，这为工资奖酬的决策奠定了基础。

（3）实施具体的企业薪酬调查。

（4）确定企业薪酬制度结构。

（5）设定薪酬制度与薪酬标准。

（6）执行、控制和调整薪酬制度。

执行薪酬制度：第一，建立工作标准，明确具体的工作流程及环节。第二，向员工解释说明薪酬制度的目的、意义、计算方法和结算方式。

控制薪酬制度：第一，建立员工绩效管理体系，做好员工业绩的动态考评。第二，通过有效激励机制和薪酬福利计划，做好表彰和激励工作。但是不能突破薪酬福利预算总额，要考虑企业的支付能力和战略规划，原则上按制度计划办事。

调整薪酬制度：在执行中如果遇到问题，如部门之间待遇不公平，薪酬总水平较低或过高，物价指数上升影响员工实际收入等，这就需要调整原来的薪酬福利水平或调整分配标准等。

二、员工薪酬制度设计

（一）员工薪酬制度的基本形式

在我国从计划经济走向市场经济之后，企业有了一定的自主权，在薪酬制度方面也从国家统一制定转变为企业根据自身需求依法依规合理选择。经过不断的改革，现代企业中存在着许多种薪酬制度。具体来说主要有四种，分别为绩效薪酬制、能力薪酬制、工作薪酬制和结构薪酬制。

1. 绩效薪酬制

所谓的绩效薪酬制，就是按照员工的劳动绩效对员工的薪酬进行确定，员工的劳动绩效量不同，薪酬也会发生变化。典型的绩效薪酬制有计件工资、销售提成工资、效益工资等。

绩效薪酬制有自身的特点和不完善之处，具体如图 6-12 所示。其关键之处是要对绩效有准确客观的监督和评估。

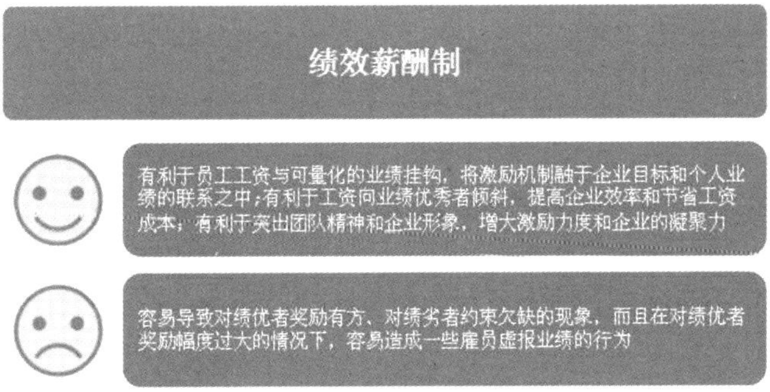

图 6-12　绩效薪酬制的优缺点

2. 能力薪酬制

能力薪酬制是以员工的综合能力为标准，对员工的薪酬等级和标准工资进行确定的制度。确定能力薪酬时，需要对员工的能力进行考核，确定其能力大小和变化，然后以此为基础进行薪酬工作标准及变化的确定。职能工资、能力资格工资是比较常见的能力薪酬制度。

能力薪酬制比较适合维修厂和制造厂等中小型组织，因为这些组织对能力的要求较高，而且人员数量少且比较固定，便于能力薪酬制发挥其作用。

3. 工作薪酬制

工作薪酬制是指在确定员工的工资时，以其在组织中担任的工作为依据，工作的性质以及对其的各方面要求是决定其薪酬的重要因素。与能力薪酬制相比，工作薪酬只考虑员工担任的工作，不考虑其所具有的超出本职工作要求的能力。岗位工资制、职务工资制都属于工作薪酬制。

组织采取工作薪酬制有一个重要的前提，就是有对组织工作的明确等级和评价。在评价中，只对其职务和岗位进行分析，在确定员工工资时，将其担任的工作及任职能力都考虑在内，薪酬随着职务的变化而变化。

4. 结构薪酬制

结构薪酬制是国内外许多企业大都采用的一种薪酬制度。它是指员工的薪酬由不同的部分组成，薪酬的这些部分是根据员工的职务、能力、绩效和资历等各种因素确定的，能够全面地反映出员工的付出。结构薪酬制最典型的就是我国公务员的职务工资，此外也包括岗位技能工资制、薪点工资制、岗位效益工资制等。

从结构薪酬制的确定方式来看，其融合了绩效薪酬制、能力薪酬制、工作薪酬制的优点，可以充分发挥薪酬的各种功能，也正因此也具有较大的灵活性，对于合理安排不同员工的工资，激发员工的工作热情有着积极的意义。结构薪酬制的特点及优点使其具有较为广泛的适用范围，不论是大企业还是小企业，不论是管理人员还是普通员工，都可以采用结构薪酬制，需要注意的是在运用过程中要有所侧重。

（二）薪酬设计的影响因素

企业设计薪酬时，既要考虑外界环境的变化，也要考虑企业内部的具体情况。在设计好薪酬方案后，要保持相对稳定性，但也要根据情况的变化和形势的要求进行及时地调整。对于现代企业来说，影响其薪酬设计的因素有很多，主要包括图 6–13 中的三大因素。

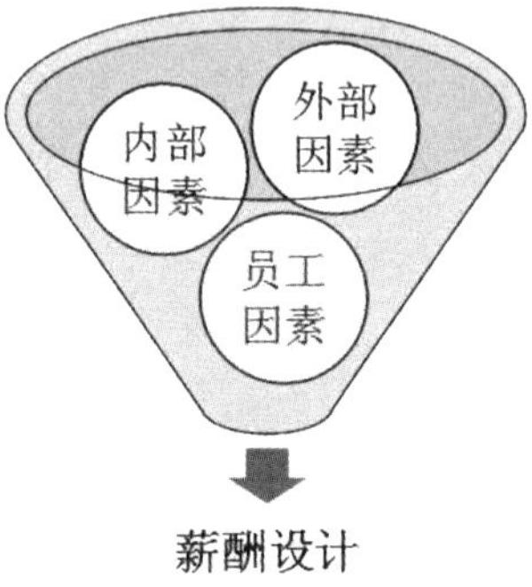

图 6–13　影响薪酬设计的三大因素

1. 外部因素

影响薪酬设计的外部因素主要有国家政策和法律、劳动力市场供求状况、经济发展状况与劳动生产率、物价变化与生活水平、行业薪酬水平的变化等，具体如图 6–14 所示。

2. 内部因素

影响薪酬设计的内部因素也有很多，图 6–15 中的几种是常见的集中内部因素。

国家政策和法律

· 以培育、发现和完善劳动力市场为中心，用宏观经济政策调节劳动力供求关系、引导市场，分为直接调节与间接调节

劳动力市场的供求状况

· 劳动力市场上的供求状况的变化，决定企业对员工成本的投入，从而影响企业员工薪酬水平的变化。产品需求增加时，企业将提高工资水平；当产品需求下降，企业将会降低工资

经济发展状况与劳动生产率

· 经济发展处在一个较高水平且劳动生产率较高时，企业员工的薪酬会较高;反之，企业员工的薪酬会较低

物价变化与生活水平

· 生活水平高了，员工个人生活期望也高，对企业薪酬水平的压力就大；生活水平高也意味着物价上涨，企业要给员工增加薪酬

行业薪酬水平的变化

· 行业产品的市场需求和行业生产率决定行业薪酬水平的变化。产品需求上升，薪酬水平提高；行业劳动生产率上升，薪酬水平也会提高

图 6-14　外部因素对薪酬设计的影响

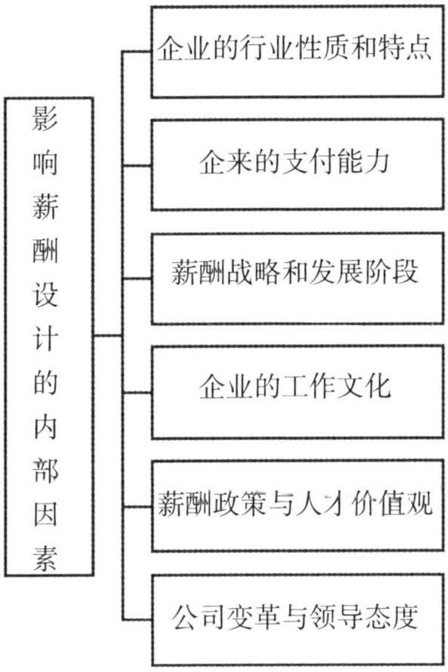

图 6-15　影响薪酬设计的内部因素

下面对这几种内部因素进行具体分析。

（1）企业的行业性质和特点

不同行业性质与特点的企业，其在工作性质、技术特点、员工素质与竞争形势方面都不一样，因此也必然有相适应的薪酬制度。

（2）企业的支付能力

员工的薪酬是企业的重要支出，企业只有在有较强的支付能力时，才能有充足的资金用于员工薪酬。因此员工薪酬受到企业支付能力的制约。只有企业的生产效率不断提高，企业的经济效益才能保持较好的水平，员工也就能获得较高的薪酬。

（3）薪酬战略与发展阶段

企业的薪酬设计与企业的薪酬战略和所处的发展阶段有着重要的联系，两者之间应该相互适应。

处于不同发展阶段的企业的薪酬战略如图 6–16 所示。

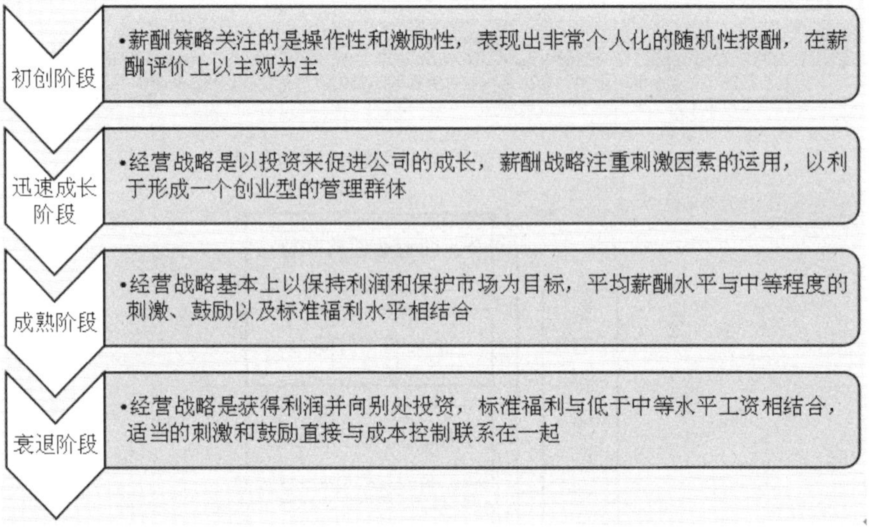

图 6–16　不同发展阶段企业的薪酬战略

（4）企业的工作文化

企业的工作文化是企业的重要组成部分，是影响企业薪酬设计的重要内部因素。企业工作文化主要有四种，分别为功能型工作文化、时效型工作文化、流程型工作文化和网络型工作文化。具体如图 6–17 所示。

（5）薪酬政策与人才价值观

企业的薪酬设计受薪酬政策与人才价值观的影响。

薪酬政策体现了企业的分配机制，对企业利润积累和薪酬分配的关系有着直接的影响，不同企业的薪酬政策不一样，有的注重利润的积累，有的注重利润与薪酬分配的平衡，这就导致不同企业之间的薪酬存在差异。

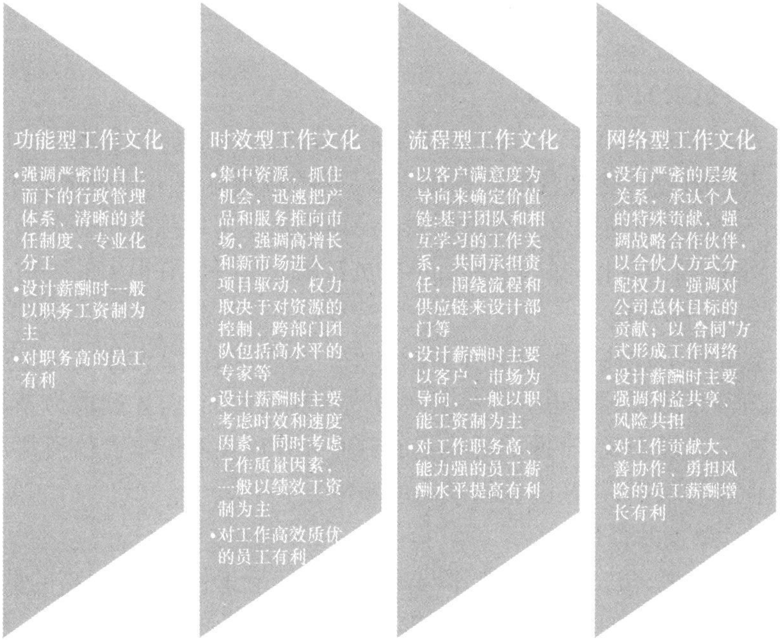

图 6-17　不同工作文化公司的薪酬设计

不同企业的人才价值观也存在不同，这也会导致薪酬水平的不同。重视人才的企业往往会给员工设计较高的薪酬。

（6）公司变革与领导态度

企业在运行过程中，会遇到各种各样的问题，也会不断进行变革。企业的领导者在企业变革与过程中起着关键的作用，需要做出正确的决策。薪酬设计一定程度上服务于企业的变革。而领导也对薪酬的设计有着自己的看法。有的领导重视人才的作用，注重薪酬对员工积极性的调动，注重薪酬对企业变革的影响。因此，企业领导的态度以及企业的变革对企业薪酬的设计有着重要的影响。

3. 员工因素

（1）员工所处的职位

员工的职位差异首先表现在职位的专业类型方面。例如，生产操作、销售、技术研发和行政管理等职位就具有不同的专业特点，相应地，薪酬支付方式会有所不同。员工的职位差异还表现在职位的等级和重要程度方面的差异，如普通操作人员、基层管理者、中层管理者、高级管理者等。不同的职位意味着任职者所需承担的职责，所需具备的技能以及所需付出的努力会有所差别。

（2）员工的绩效表现

通常来说，每个员工的绩效水平最终决定了企业的绩效水平。因此将员工薪酬与其绩效表现联系在一起，利用薪酬对员工的激励作用，可以最终促进企业的绩效。绩效薪酬在一定程度上可以弥补岗位薪酬所产生的问题，因为在相同的职位上，不同员工的业绩可能有很大的差别。

（3）工作技能

员工的工作技能影响着其薪酬水平。在当今时代，人才成为企业之间竞相争夺的资源。也只有是具有较高工作技能的人，才能成为企业的香饽饽。一般来说，掌握关键技术的专业人才以及阅历丰富的通常往往深受企业的欢迎，往往会获得较高的薪酬。

（4）员工的资历

一般来说，员工的薪酬水平与其资历高低呈正相关。资历高的员工，其在学习中耗费的时间和精力也多，其一般对企业的付出也较多。资历高的员工获得高的薪酬水平，也是为了激励和奖励员工，使员工不断学习进步，不断为企业做出贡献。

（5）员工的需求偏好

员工的需求偏好也对员工的薪酬水平有一定的影响。员工的需求偏好不同，有的追求稳定的生活和工作，有的追求进步，注重自我价值的实现。只有根据不同员工的需求偏好设计薪酬，才能满足员工的个性化需求，也才能真正发挥薪酬的功能。

（三）薪酬设计的基本流程

薪酬设计必须依照一定的原则，按一定的步骤进行。现在比较通行的付给员工基本薪酬的模式是以职位付薪酬、以个人技能付薪酬和以绩效付薪酬，下面以职位薪酬模式为例，介绍薪酬设计的基本流程。

1. 制定薪酬策略

薪酬策略是根据企业最高管理层的方针拟定的，包括有关薪酬分配的政策与策略，如薪酬等级差异的大小，工资、奖金与福利费用的分配比例等。企业的薪酬策略既要反映企业的战略要求，又要满足员工的期望。企业的发展战略决定了企业的薪酬策略，企业的薪酬策略支持企业发展战略的实现。

2. 工作分析与工作评价

工作分析与工作评价是建立薪酬方案的依据。

（1）工作分析

工作分析又叫职位分析，其任务是通过职位分析形成清晰的组织结构图和职位说明书体系，这是做好薪酬方案设计的基础和前提。

（2）工作评价

工作评价又叫职位评价。职位分析反映了组织对各个职位的期望和要求，但并不能揭示各项工作之间的相互关系，因此要通过职位评价来对各项工作进行分析和比较，并准确评估各项工作对组织的相对价值，得出职位等级序列。通过职位评价，可以得到每一职务对组织的相对价值的顺序、等级、分数或象征性薪酬额。职位评价完成后，会进行职位分类，划分不同职系或者不同职位级别。

3. 市场薪酬调查

工作评价的结果确定了职位之间的相对价值，从而解决了内部公平性问题。但企业要吸引并留住员工，不仅要重视薪酬的内部公平性，更需要重视薪酬的外部竞争性。因此需要开展市场薪酬调查，了解本地区、本行业的薪酬状况，尤其是竞争对手的薪酬情况，并将市场薪酬调查的结果与工作评价结果相结合，企业就可以制定反映各职位平均市场价值的市场薪酬线。

4. 薪酬竞争战略定位

企业是否完全按照市场薪酬线来确定实际的薪酬水平，取决于企业的薪酬竞争战略定位。企业的薪酬竞争战略定位包括领先型、匹配型、拖后型和混合型。根据薪酬竞争战略定位，企业对得到的市场薪酬线进行修正，形成企业的薪酬政策线，从而将职位的评价点值转换为具体的金钱价值。

（1）领先型战略定位，即企业的薪酬水平高于相关劳动力市场的平均水平。在这种战略指导下，企业薪酬政策线要高于市场薪酬线。

（2）匹配型战略定位，即企业的薪酬水平与相关劳动力市场的平均水平大致相当。这种战略的薪酬政策线与市场薪酬线重合。

（3）拖后型战略定位，即企业的薪酬水平落后于相关劳动力市场的平均水平。采用这种战略的企业，其薪酬政策线要低于市场薪酬线。

（4）混合型战略定位，即企业在确定薪酬水平时，是根据职位的类型或者员工的类型来分别制定不同的薪酬水平决策。比如对关键人员提供高于市场水平的薪酬，对普通员工实施匹配型的薪酬政策，对随时可替代的员工提供低于市场价格的薪酬。

5. 薪酬结构设计

从理论上讲，在确定了薪酬政策线以后，薪酬管理工作就可以告一段落了，因为此时企业内各职位的实际薪酬水平已经确定。但在实践中，这种做法是不现实的。尤其是当企业内职位较多时，为每一个职位设定一个薪酬水平，后续的薪酬管理工作将会很麻烦，管理成本也会很高。另外，这种薪酬结构也不利于工作轮换。通行的办法是将评价点数比较接近或者排序位置相邻的多个职位划为一个等级，而且每一个等级确定一个薪酬浮动区间，同时相邻等级薪酬之间相互重叠，从而构成薪酬等级结构。

薪酬结构指同一企业内部不同薪酬等级之间的相互关系，包括薪酬等级数量、变动范围及相互间的交叉和重叠关系，显示的是各岗位相对价值和与其对应的实付薪酬间的关系。现实生活中不存在绝对完美的薪酬等级结构，薪酬管理人员必须结合企业的实际情况和发展战略，综合考虑各种薪酬结构的管理成本、公平性以及灵活性，从中选择与企业最匹配的薪酬结构。

6. 薪酬方案的实施、修正和调整

在实施薪酬方案过程中要不断修正偏差，使方案更加合理和完善。另外要建立薪酬管理的动态机制，根据组织经营环境的变化和组织战略的调整，对薪酬方案适时地进行调整，使其更好地发挥作用。

（四）薪酬设计的具体方法

在组织的薪酬体系中，基本薪酬是最基础的部分。基本薪酬的设计，通常要考虑两个因素：一是内部公平性，这主要通过职位评价来实现；二是外部竞争性，这主要通过薪酬调查来实现。在分析了薪酬方案设计流程的基础上，下面重点讨论职位评价和薪酬调查的具体方法。

1. 职位评价

职位评价是在对职位分析的基础上,对职位承担任务的难易程度、责任范围、工作强度、所需要的资格条件等因素进行分析,形成对企业职位价值的评价。职位评价针对的是企业中的职位，而非企业中的员工。职位评价的方法有排序法、归类法、要素计点法等。这几种方法各有特点，但在实践中最常用的还是要素计点法。

(1)排序法

排序法根据特定的标准,如工作的复杂程度、贡献大小等,对各岗位的相对价值进行整体比较，按照相对价值的高低排列出次序，适用于职位较少的小型企业。排序法是最简单的一种职位评价方法。由于没有客观的评价尺度，评价的主观性较大,而且各职位之间的确切的差距也不清楚。

(2)归类法

归类法通过制定出一套职位级别标准，将职位与标准进行比较,并归到各个级别中。标准的制定通常是将企业所有职位划为若干类型,如管理类、研发类、销售类等。每类职位再分若干等级，岗位越复杂,分级就越多。一般适用于小型的、结构较简单的企业。

(3)要素计点法

在实践中,最常用的工作评价方法就是要素计点法。要素计点发要以分析工作为前提,然后以每个职位在薪酬要素上的得分为依据,确定各个职位的价值。

要素计点法的具体步骤如图 6-18 所示。

一般来说,只有对所有的职位进行了评价,职位之间的相对价值才是可信的,但是对所有的职位都进行要素计点法评价,费时费力,需要指出的成本较大。因此在现实中,一般只对较为典型的职位进行评价,再通过比较对所有的职位进行确定。

2. 薪酬调查

在薪酬设计过程中,薪酬调查是一项常规性的工作。所谓薪酬调查就是通过各种调查手段,来获取相关组织和本组织各职务的薪酬水平及相关信息。

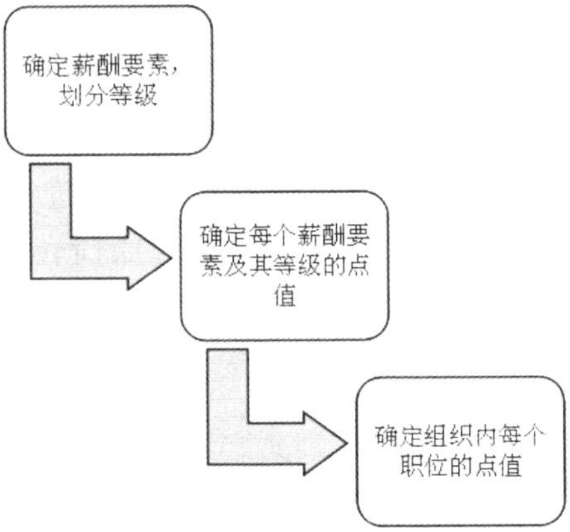

图 6-18　要素计点法的步骤

员工薪酬调查一般来讲有四大步骤，如图 6-19 所示。

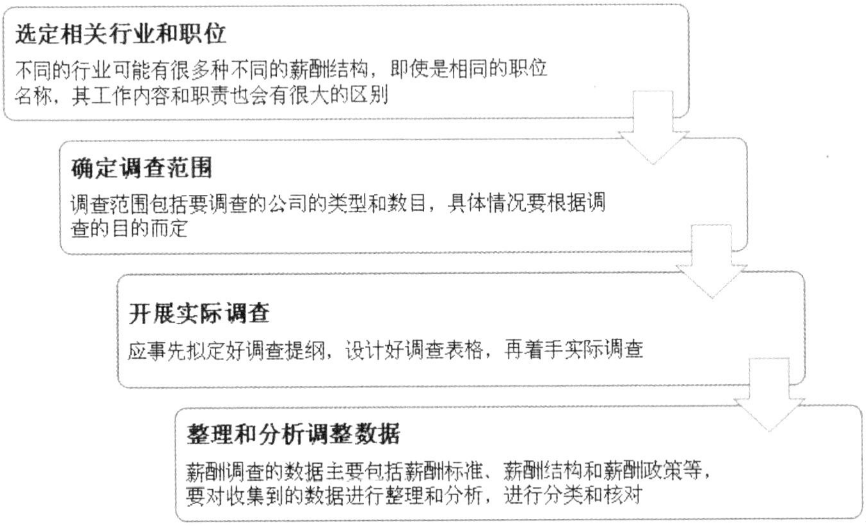

图 6-19　员工薪酬调查的步骤

第三节　员工福利方案的设计与实施

一、员工福利设计的目的

福利与薪酬同为员工成本的一部分，但事实上福利与薪酬对于企业而言还是存有很大差异的。因此，越来越多的企业开始重视员工福利在管理中的激励作用。

（一）可以享受税收等政策性优惠

政府为了鼓励企业为员工提供福利，一般会给予企业一定的优惠政策，如税收优惠，这也是企业实行福利的一个重要原因。对于员工来说，政府也为了提高其生活质量，对其福利方面的收入会给予税收减免，或者延期缴纳。员工的收入水平越来越高，所得税占的比例也不断增大。在现代企业中，薪酬福利管理要符合法律法规规定，也要尽可能减少税额，因此企业愿意通过给员工提供福利的方式，实现这种目的，同时还能激发员工的工作热情和积极性，提高企业的经济效益。

（二）有利于吸引和留住员工

员工加入某一组织，很大一个影响因素就是薪酬水平，但随着时代的发展，薪酬已不是唯一的因素，企业的福利计划越来越被员工看重。通过提供有吸引力的福利，不仅可以吸引高素质的人才加入企业，也可保持现有员工的稳定性，保证企业的正常运转。为了吸引人才，为了留住人才，企业愿意花费心思来设计福利方案，满足不同员工的个性化需求，尤其是在薪酬水平相对稳定的情况下，福利的设计对于员工的加入与留人非常重要和有效。

（三）工会组织认同福利方式

许多国家存在工会与企业之间的集体谈判机制。在劳动力市场供大于求的情况下，通过谈判工会很难在薪酬水平上让企业让步。在世界各国工会力量减弱的今天，工会更倾向于实现会员在福利方面的愿望。因为对工会而言，为工会会员争取到福利是一种非常直观的成果，员工能真真切切地感受到。

（四）获取规模效益和降低人工成本

企业为员工提供的福利，大多与员工的工作与生活有着密切的联系，有的甚至是其生活和工作的必需。从支出成本来看，企业通过团购为员工提供福利，比员工个人购买付出的成本显然要少很多。因此，无论企业，还是员工都能通过福利获得一定的利益，实现“双赢”。

当然，在许多国家和地区，福利是“必须”的，即某些福利是政府通过立法形式规定强制建立的，作为企业是不得不执行的。虽然有些企业的福利项目过多，增添了管理成本，有些福利的设置也违背了设置的初衷，如带薪病假导致员工缺勤率的上升等，但不管怎样，明显的趋势确是：员工福利的水平不断上升，员工福利的形式日益多样化。

二、员工福利的设计与实施

全世界拥有数量巨大的企业，但是对任何两个企业来说，其所采取的福利制度都不是完全相同的。因为，企业各自的实际情况不同，采取的福利制度也必须与企业的现实情况相符，满足各自企业员工的不同需求。福利体系相当复杂，其本身的内容丰富，再加上受到企业现实情况与员工个性化需求的影响，要设计一个合理的福利并非易事，需要全面考虑，慎重决策，实事求是。

对于我国来说，员工福利的发展还不成熟和完善，许多企业简单地从成本或者同行业的情况出发来进行福利设计，这容易导致设计的福利不符合自身情况，难以获得理想的效果。因此，对福利设计进行科学设计与管理很有必要。

（一）提供什么样的福利

1. 了解法律法规

企业提供的有些福利是国家法律法规规定的，具有强制性，这就导致员工认为这种福利是自己应得的，对企业来说，福利的效果并未实现。因此，现代企业要对法律法规进行准确了解，严格按照规定提供福利，并与员工做好沟通工作，让员工意识到企业在提供福利方面的付出。

2. 进行福利调查

企业向员工提供了福利，但是员工却没有获得福利的感受，很大的原因是企业提供的福利不够好，或者没有满足员工的个人需求。因此，进行福利调查是很有必要的。通过福利调查，要了解员工期望获得的福利项目以及提供福利的方式等情况。具体可以采用问卷调查、面谈的方式，也可以收集政府相关机构或者咨询公司的数据信息资料，为自己企业的福利设计提供可参考的依据。

3. 进行福利预算

企业为员工提供福利，也是企业的一大支出，需要企业考虑自身的经济状况以及支付能力，这就要求设计福利时，要做好预算。进行预算的目的是合理地控制福利成本，保证设计的福利，企业能够负担的起，同时又不影响企业的正常运转与后续发展。因此，在进行福利预算时，一定要准确分析企业的发展状况，另外，福利具有动态性，在预算时也要具备发展的眼光，为福利的变化情况有一定的预测，做好福利计划。

（二）为谁提供何种福利

企业设计福利，还要考虑福利的对象，是全体员工还是部门员工，员工获取福利的优先级别，员工的福利是否应该差异化，福利对象的需求如何满足。现代很多企业的福利设计都做到了区别化，或者根据职务的性质，或者根据能力水平分类设计。总之，在设计福利时，要注重其激励功能，以发挥其激励作用为福利设计的重点考量。

（三）福利计划的实施和管理

福利的内容和对象确定了以后，就是实施福利了。在实施福利的过程中，需要做好三方面的工作，主要为福利组合、福利沟通以及福利监控。具体如图 6-20 所示。

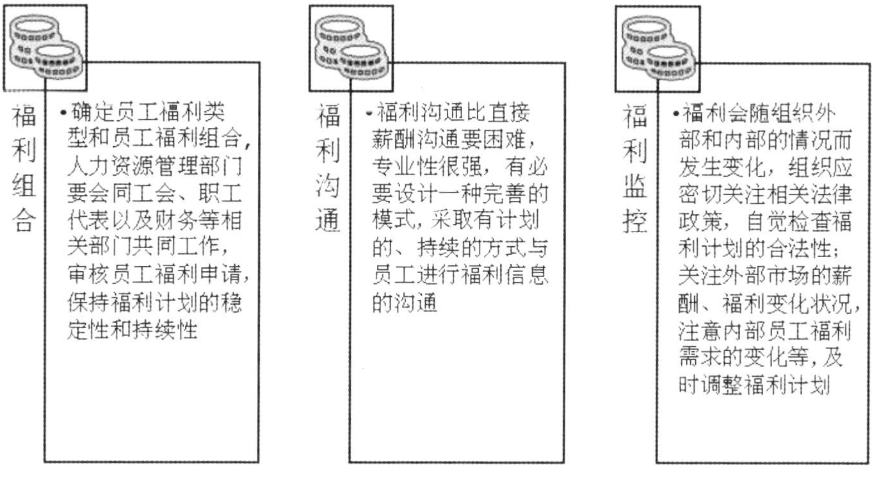

图 6-20　福利实施的三大工作

福利工作对员工的工作热情及企业的发展十分重要,而且专业性较强,对企业相关工作人员的要求较高,随着形势的不断变化以员工自我意识的增强,福利工作的难度越来越大,因此相关工作人员要不断提高福利专业水平,还要学习管理与经济知识,通过综合素质的提升来适应福利工作的新变化与要求。

第七章

现代企业人力资源管理的创新发展

随着社会与时代的不断发展，现代企业面临的竞争越来越大，而人力资源的重要性日益突显。为了适应形势发展的需要，吸引更多高质量人才的加入，现代企业人力资源管理也要不断创新发展，为企业在当今世界抓住机遇、迎接挑战提供保障。

第一节　现代企业人力资源管理人员的角色转变

人力资源管理关系到企业的生存和发展，而要充分发挥其作用，要建立一个科学的人力资源管理体系，还要对人力资源管理在企业中的角色有清晰的认识和定位。

一、人力资源管理在现代企业中的角色定位

人力资源是企业中最重要的资源，尤其是在知识经济时代的当今，企业要在发展中占得先机，离不开人力资源的作用。人力资源作用的日益突显使对其的管理工作也发生了变化。企业的人力资源管理由传统的强调专业职能角色转变为强调战略性。要顺利实现这种转变，要进行

理论、技术和方法方面的研究，更要对人力资源管理在现代企业中的定位进行更新。

目前，对于人力资源管理在现代企业中的角色转变，国内外主要有以下观点。

（一）雷蒙德 A·诺伊等的四角色论

在《人力资源管理：赢得竞争优势》一书中，雷蒙德·A·诺伊等对人力资源管理在现代企业中的角色进行了研究，并总结了这四种具体角色。如图 7-1 所示，这四种角色为战略伙伴、行政专家、员工激励者和变革推动者。

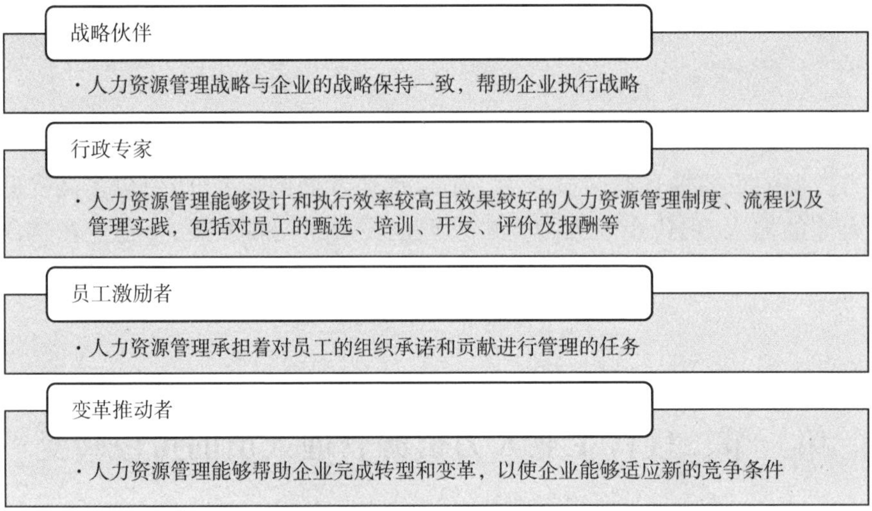

图 7-1　雷蒙德 A·诺伊等的四角色论

（二）IPMA 的四角色论

对于人力资源管理在现代企业中的角色，美国国际公共人力资源管理协会（IPMA）提出了自己的看法。其将人力资源管理的角色定位为图 7-2 中的四种：人事管理专家、业务伙伴、领导者和变革推动者。

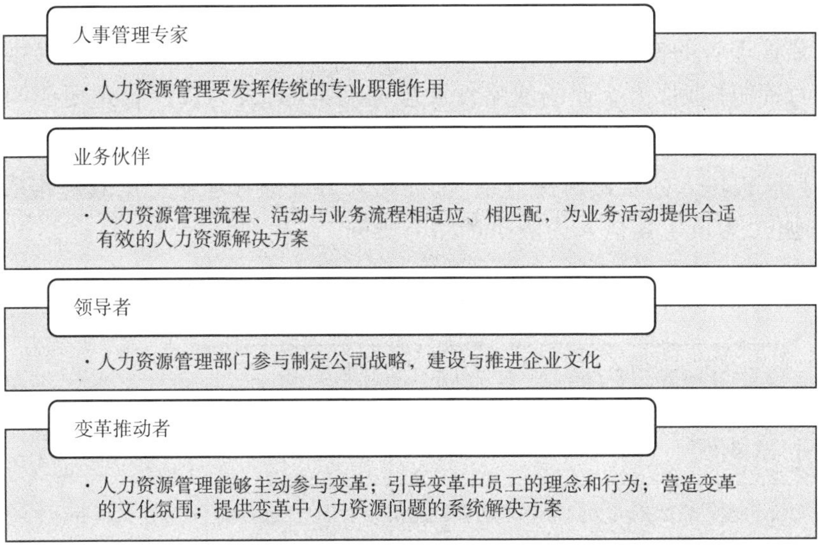

图 7-2　IPMA 对现代企业中人力资源管理角色的定位

（三）华夏基石六角色论

华夏基石管理咨询公司是国内知名的公司，它对我国的人力资源管理进行了研究。通过研究，发现要发挥人力资源管理在现代企业中的作用，为企业发展奠定人才基础，人力资源管理在现在企业中必须扮演关键的角色。①

它把人力资源管理的角色总结为六个，如图 7-3 所示，分别为专家、战略伙伴、业务伙伴、变革推动者、知识管理者与员工服务者。

（1）专家角色。在现代企业中，人力资源管理者要扮演专家角色，也就是说人力资源管理者既要是“工程师”，也要是“销售员”。

（2）战略伙伴角色。在现代企业中，人力资源管理者扮演着战略伙伴的角色，也就是说人力资源管理者要具有很强的专业性，对企业的战略和业务非常熟悉，能够为企业和员工提供服务。具体来说体现在四个方面。第一，人力资源管理者要能解读和理解企业的战略，能够思考其对自身提出的要求；要有通过各种方式对企业战略意图的领悟能力。第二，要成为企业战略伙伴就必须熟悉业务，必须了解企业的员工，甚至了解客户。这就对人力资源管理者提出了一定的要求，要求其具有开

① 彭剑锋．人力资源管理概论［M］.3 版．上海：复旦大学出版社，2018.

放性思维，能够从多个角度对人力资源管理问题进行思考。第三，人力资源管理者的专业能力要强，要具有人力资源专业管理能力，能够做好人力资源规划，为企业的战略发展服务。第四，人力资源管理要成为战略伙伴就必须基于客户价值导向，提供人力资源的系统解决方案，既要为高层提供人力资源解决方案，去提高人力资源管理在企业战略体系中的地位，为员工提供人力资源产品与服务。

专家

· 现代企业中的人力资源管理者是“工程师＋销售员”

战略伙伴

· 现代企业的人力资源管理者要能理解企业的战略，熟悉业务，具有专业能力，能提供系统化的人力资源管理解决方案

业务伙伴

· 人力资源管理者要能与企业业务系统相衔接，要善于沟通，以其专业知识和技能解决实际问题，帮助提高工作绩效

变革推动者

· 人力资源管理者要主动参与变革，驱动组织变革，在组织遇到问题时提供相应的配套解决方案

知识管理者

· 人力资源管理应与知识管理相结合，构建知识管理平台

员工服务者

· 现代人力资源管理者要具有平衡企业各方利益的能力

图 7-3　人力资源管理在现代企业中的六大角色

（3）业务伙伴角色。人力资源管理者在现代企业中要扮演业务伙伴的角色，也就是说人力资源管理者要善于跟业务部门进行沟通，将人力资源管理的工作与其他业务相结合，通过自己的工作为其他业务部门

解决问题提供方法，从而最终提高业务部门的工作绩效，提高整个企业的生产效率。

（4）变革推动者角色。人力资源管理者还要在现代企业中扮演变革推动者角色，也就是说人力资源管理者要能够主动地推动企业进行变革。企业是需要不断变革的，这是时代的要求，是市场环境变化的要求，也是企业不断发展的要求。企业的变革最根本的是人与文化的变革，人力资源管理者要通过创新机制和体制，改变企业人员的思维和行为，这样才能对企业的变革起到推动作用。

（5）知识管理者角色。在现代企业中，人力资源管理者还是知识管理者。知识对企业是非常重要的，尤其是在知识经济时代，知识可以说是企业最大的财富。企业要善于运用知识，要进行知识创新，这是现代企业发展的关键。而企业对知识的运用与创新，依靠的是人，从这层面上来看，人力资源管理要做好人的工作，从而做好知识管理，为企业的发展提高整体竞争力。

（6）员工服务者角色。人力资源管理不仅要为企业服务，还要为员工服务，只有做好两者利益的统一，才能实现人力资源管理的最大价值。具体来说：第一人力资源管理要从企业管理者的角度出发，为企业人力资源问题的解决提供方案，处理员工与企业之间的矛盾冲突；第二，人力资源管理还要从员工的角度考虑，维护员工的应用利益，为员工提供人性化支持与服务，帮助其实现自我价值。

二、人力资源管理的职责分担

现代企业对人力资源管理作用的认识越来越深入，对其重视程度也越来越高。但是人力资源管理不只是一个部门的事情，因为其涉及整个企业各个部门的人力资源工作，因此需要各个部门的全力配合。因为涉及的管理者较多，在进行人力资源管理时，需要明确各相关管理者的具体职责，进行明确的分工和定位，从而协调配合做好企业的人力资源管理工作，充分发挥人力资源管理在现代企业的作用。

第二节　网络环境下的现代企业人力资源系统管理

人力资源是企业最重要的资源，关系着企业的生死存亡。尤其是在竞争日益激烈的现代，各个企业都非常重视人力资源，并为争夺人力资源不惜付出一切代价。作为对人力资源进行管理的人力资源管理工作，需要为企业选出高质量的能胜任的人才，需要统一和协调企业与员工的共同利益，还要适应无时无刻不在变化的环境，从而不断进行调整和变革。如何做好人力资源管理工作，已经成为我国企业急需思考和解决的问题。随着计算机技术及网络技术的发展与应用，现代企业面临着人力资源管理的新形势和新变化，现代企业应该顺应时代潮流和形势发展，利用信息技术，做好网络环境下的人力资源系统管理。

一、人力资源管理系统的内涵

通过前面的论述，我们对人力资源以及人力资源管理的内涵已经有了一定的了解和认识。那么人力资源管理系统就是进行人力资源管理工作的信息处理系统，这一系统能够收集和加工人力资源信息，并凭借这种信息规划与预测人力资源，从而对企业的人力资源开发管理及相应决策的做出给予一定的帮助。

二、人力资源管理系统发展的历史

人力资源管理系统的发展有一定的发展历史，到目前为止主要经历了三代的发展，如图 7–4 所示。

三、人力资源管理系统开发的客观需求

有需求才会有生产，企业开发人力资源管理系统不是心血来潮，也不是无缘无故的，这是由企业的需求推动的。企业开发人力资源管理系

统有三大客观需求，如图 7-5 所示。

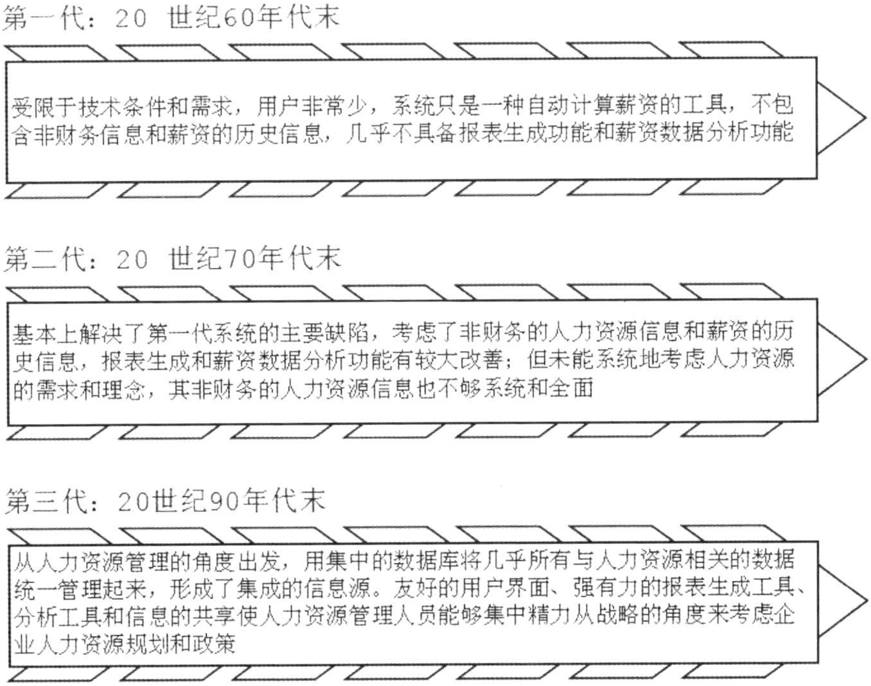

图 7-4　人力资源管理系统发展的历史

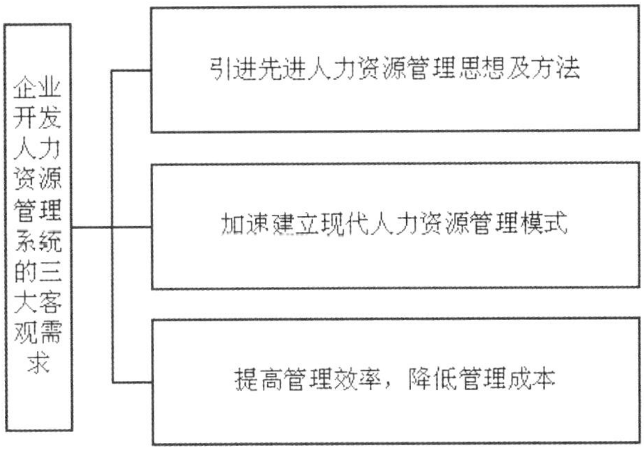

图 7-5　人力资源管理系统开发的客观需求

（一）引进先进人力资源管理思想及方法

企业要发展需要做好各项工作的管理，要做好管理工作，需要有先进的管理思想和方法。企业有学习先进管理思想及方法的需求,尤其是在关系生死存亡的人力资源管理方面。人力资源管理系统是一种科学的管理系统,拥有着先进的管理思想和方法,企业开发这一系统,可以实现管理思想和方法的更新与应用,能够更好地发挥人才资源的作用,也能更好地做出决策。

(二)建立现代人力资源管理模式

企业的管理经过了从实物到资本再到知识的发展。在知识经济时代,信息与知识成为企业的重要资源之一。企业在新的时代背景和形势下,要想获得可持续发展,必须重视知识,做好知识管理。而人力资源管理系统作为一种信息处理系统,在这一方面具有得天独厚的优势。另外,通过开发人力资源管理系统,可以构建现代人力资源管理模式,使企业内部各部门的沟通与信息传递变得更加方便和便捷,提高了企业的工作效率和反应能力,满足了企业构建现代人力资源管理模式的需求。

(三)提高管理效率,降低管理成本

对于现代企业来说,经济效益是其最根本的追求,也是企业最终的战略目标。企业要追求最大的效益,就要想尽一切办法来提高效率、降低成本,这是企业自身发展的需要。而人力资源管理系统的开发,能够给企业提供即时的相关信息,并能使企业的各项指令快速地向下传达,能够提高企业的管理效率,增强企业面对市场变化的反应能力,能够帮助企业迅速做出决策和进行发展战略的调整。而且,人力资源管理系统作为一种先进的软件系统,为企业节省了一些实物方面的消耗,降低了成本。

四、网络环境下的企业人力资源管理系统的构建

(一)建设思路

在网络环境下,构建企业的人力资源管理系统应该有一定的建设思路,也就是要考虑这一系统应该具备什么功能,能够满足哪些要求。具体来说,现代企业人力资源管理系统的构建思路为:具有高效收集和处理信息的能力、具有易访问和易查询的信息库支持、有利于实现内部招

聘的科学管理、尽可能以提高管理水平为主要工作目标。[①]

现代企业人力资源管理系统的构建思路具体如图 7-6 所示。

具有高效收集和处理信息的能力	· 可以用集中的数据库将与人力资源管理相关的信息全面、有机地联系起来，有效地减少信息更新和查找中的重复劳动，保证信息的相容性，从而大大提高工作效率，还能提供相关的分析报告
具有易访问和易查询的信息库支持	· 实施人力资源管理信息系统，可将依赖于人的过程改为依赖于计算机的过程，企业管理人员只要获取了相应的权限，就可以随时进入系统，直接查阅相应的信息
有利于实现内部招聘的科学管理	· 人才流失提高了企业的运作成本，如果将技能输入人力资源管理信息系统，在某个岗位需要人时，先搜索企业内部是否有适合人选，则可以提供内部招聘的效率
尽可能以提高管理水平为主要工作目标	· 经过整合，筛选的信息不仅可以使企业高层领导对企业人力资源现状有一个比较全面的认识，也可以生成综合的分析报表供企业领导在决策时参考

图 7-6　现代企业人力资源管理系统的构建思路

（二）基本模块

根据现代企业人力资源管理系统的构建思路，综合现代企业人力资源管理的理论研究和实践经验，可以将人力资源管理系统的职能模块总结图 7-7 中的十大系统。

① 董秋云．网络环境下的企业人力资源管理系统构建研究 [J]. 齐齐哈尔大学学报：哲学社会科学版，2009(04)：65-66.

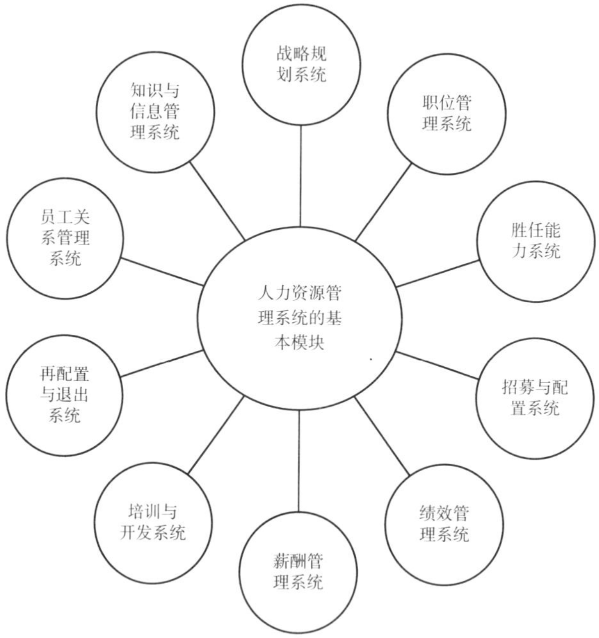

图 7-7 人力资源管理系统的十大模块

从图上可以看出,十大系统模块分别为战略规划系统、职位管理系统、胜任能力系统、招募与配置系统、绩效管理系统、薪酬管理系统、培训与开发系统、再配置与退出系统、员工关系管理系统以及知识与信息管理系统。通过具有这十大模块的人力资源管理系统的运行,可以帮助企业做好人才的选择、使用、培育、留用和退出。下面对十大系统进行具体说明。

1. 战略规划系统

战略规划对人力资源管理工作非常重要,能够指导人力资源管理工作的进行。因此,对于人类资源管理系统来说,战略规划也非常重要。具体来说,在人力资源管理系统中设置战略规划系统,有两个方面的考虑。第一,通过战略规划系统,可以实现人力资源与现代企业战略规划的衔接,有助于在人力资源管理中实现企业战略。第二,有了战略规划,人力资源管理有了前进的方向,才能为企业的发展及时甚至提前做好人力资源的准备,为企业的未来发展奠定人力基础。

人力资源战略规划包括五个方面的内容,如图 7-8 所示。

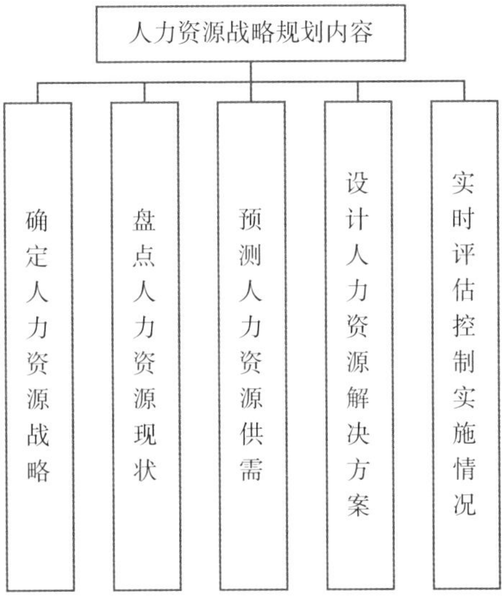

图 7-8　人力资源战略规划的内容

2. 职位管理系统

职位管理系统是人力资源管理系统构建的双轮驱动要素之一，对其他各人力资源模块都具有十分重要的支撑作用。不过，这一观点和传统的“人力资源管理基础是职位”有所不同。传统意义的“人力资源管理基础是职位”是说整个人力资源管理基础体系建立在职位上，但是其主要内容是通过职位分析形成岗位说明书，进而为人力资源管理奠定基础。随着现代企业的不断发展，单一的岗位分析已经不能满足企业人力资源管理的需要，同时，岗位说明书对很多企业也已不适用。在这种情况下，企业要从关注单一的岗位到建立职位管理系统，对职位体系进行整体规划、合理分类，形成职位管理系统。

职位管理系统主要包括三个方面的内容：第一，对企业业务结构、组织结构与流程的深刻认识与理解；第二，设计和构建职能、职类、职种体系；第三，设计和构建职位体系。

3. 胜任能力系统

胜任能力系统成为人力资源管理系统构建双轮驱动要素中的另一个要素。胜任能力系统为人员的招聘、甄选提供了用人方面的素质要求；为人力资源配置提供了人员配置的标准和依据；为薪酬体系设计提供了最基础的标准、依据和框架。

胜任能力系统不同于传统意义上的胜任力模型，传统的胜任力模型关注的是单一岗位的胜任能力，而胜任能力系统则关注的是企业的全面胜任能力建设。其主要包括五个方面的内容：第一，全员核心胜任能力建设；第二，领导者胜任能力建设；第三，专业胜任能力建设；第四，关键岗位胜任能力建设；第五，团队结构胜任能力建设。

4. 招募和配置系统

今天，组织的成功越来越多地取决于其服务质量指标的高低以及开发新产品和服务能力的大小，区别于传统的产业经济，在这一竞争环境中，如何获取适合组织发展的人力资源变得越来越重要。因此，招募和配置系统成为企业人力资源管理系统中重要的一个组成部分，关系到企业是否能够招聘到合适的人员并把他们进行合理的配置。

人力资源的招募与配置的内容如图 7-9 所示。不论是哪一内容，最终都要实现人员甄选的目的，因此职位管理系统和胜任能力系统是这一系统的基础，通过职位管理系统和胜任能力系统，最终选择合适的人力资源。

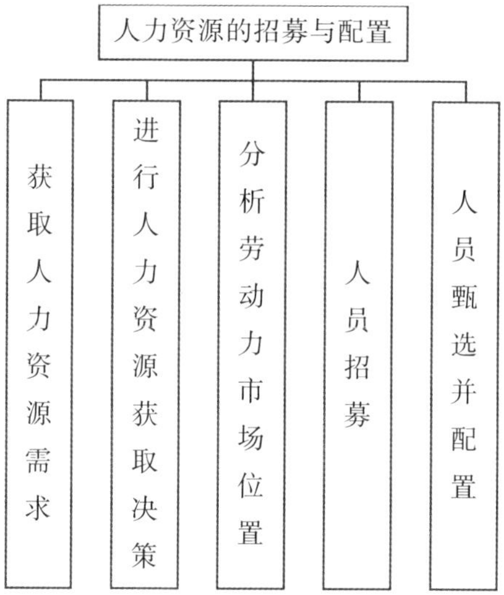

图 7-9　人力资源招募与配置的内容

5. 绩效管理系统

绩效管理是人力资源管理的重要内容，因此人力资源管理系统中应设置绩效管理系统。绩效管理是一个过程，做好这一工作首先需要对企业的目标和计划有清晰的认识，并要确定一定的标准或指标，通过管理者与员工的沟通交流，将目标传递下去，并根据员工工作完成的情况进行奖惩。企业通过绩效管理可以有效激励员工，也可以有效管理员工，为了完成绩效管理，就需要建立绩效管理系统。通过绩效管理，可以促进企业战略的实施，可以持续改进企业绩效，更可以提升人力资源管理乃至整个管理水平。

绩效管理系统主要包括的内容如图 7-10 所示。

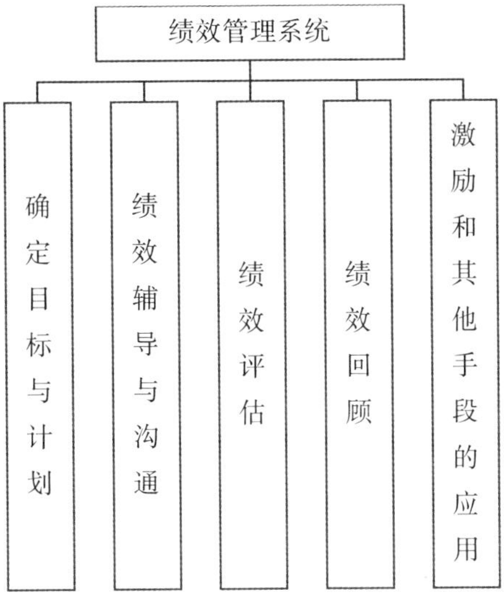

图 7-10　绩效管理系统的内容

6. 薪酬管理系统

一个企业的薪酬是员工最为关心的问题，只有做好薪酬管理工作，才能吸引高水平的人才，也才能对现有员工起到激励作用，也才能留住人才。对薪酬进行管理，是对企业战略目标的推动和支持，能够给企业带来优势；对薪酬进行管理可以满足员工的需求，将其潜能激发出来，开发其能力；通过薪酬管理，还能够解决企业和员工的矛盾，维护社会公平，有利于构建和谐社会。

薪酬系统主要包括十个方面的内容，具体如图 7-11 所示。

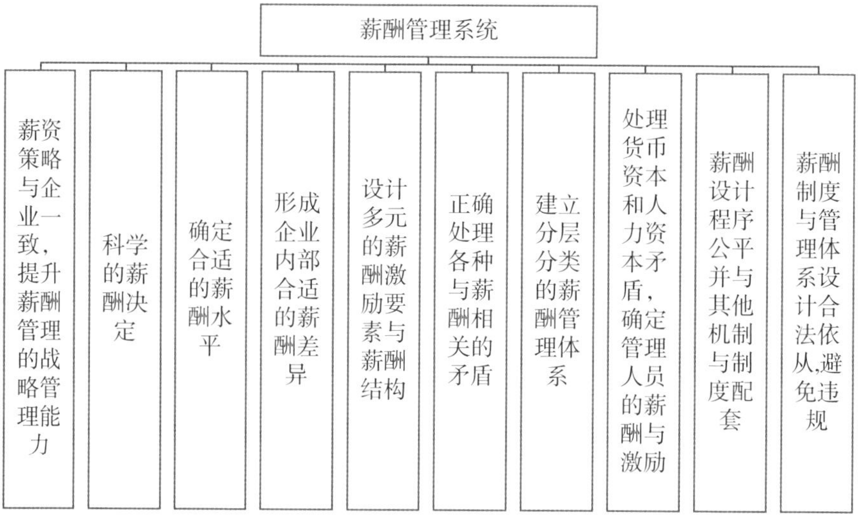

图 7-11　绩效管理系统的内容

7. 培训与开发系统

进入新经济时代，企业生存的环境变得更加纷繁复杂与快速多变，企业经历着前所未有的挑战和冲击，这对人力资源培训与开发提出了新的需求。例如，组织持续学习的需求、员工核心专长于技能形成的需求、员工素质能力提升的需求、企业领导领导力提升的需求，这些需求要求企业要以全球化的视野、从支撑企业核心竞争力的角度去思考和构建企业的人力资源培训与开发体系。同时，有效的培训开发可以传授给员工与工作相关的知识和技能，提高了员工的终生就业能力，从而为企业吸引和保留人才提供支持。

培训与开发系统主要包括的内容如图 7-12 所示。

8. 再配置与退出系统

企业中的人员并不是一成不变的，总是会有员工的退出和更新，这是事物发展的必然性决定的。人员的退出有员工个人的原因，也有公司的决定原因，不管是何种原因，这些都是企业人员新陈代谢、持续发展的需要。人力资源管理系统中设置再配置与退出系统就是从这一工作出发考虑的。再配置与退出系统，有利于激活人力资源的活力，增强在职人员的危机与竞争意识，也有利于企业员工结构的优化。

再配置与退出系统的内容如图7-13所示。

图7-12　培训与开发系统的内容

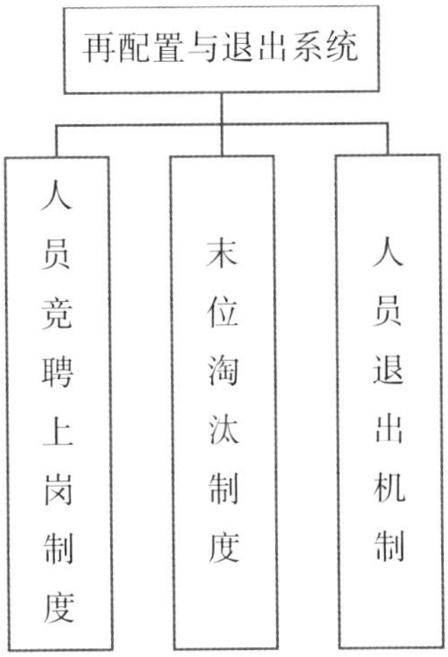

图7-13　再配置与退出系统的内容

9. 员工关系管理系统

企业的发展离不开融洽的员工关系，因此员工关系管理也是人力资源管理的重要内容。员工关系就是在人力资源管理的各种制度发挥作用的前提下，营造良好的员工关系，为组织的健康发展与绩效提升提供保障。营造良好的员工关系,可以增加企业对优秀人才的吸引力,提高企业人力资源整体水平,还可以增强在职员工的凝聚力和集体观念,激发员工的主动性,有利于提高企业的整体效益。

10. 知识与信息管理系统

当今是知识经济时代,人力资源管理要实现其目标必须依靠信息化,企业要想在激烈的市场竞争中处于不败之地,必须做好知识管理。因此,人力资源管理系统必须包含知识与信息管理系统。

知识与信息管理系统的内容如图 7-14 所示。

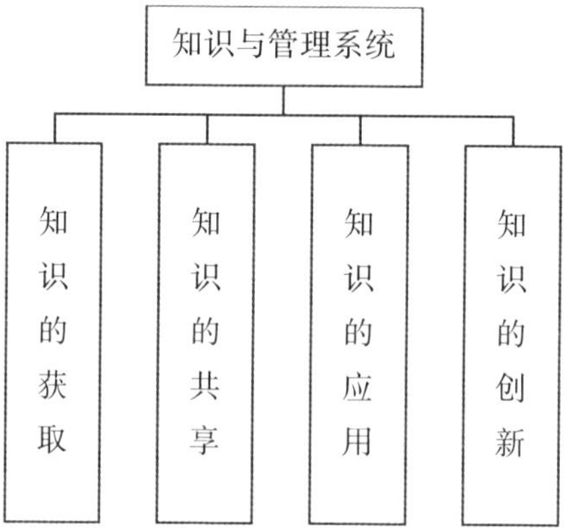

图 7-14　知识与管理系统的内容

第三节　现代企业人力资源管理的信息化

一、人力资源管理信息化概述

人力资源管理信息化,又称为“电子化人力资源管理”,其英文是 electronic-Human Resource,简称 e-HR。所谓的人力资源管理信息化其实就是实现人力资源管理流程的电子化,是指在人力资源管理中运用互联网技术,依靠强大的软件和硬件,以集中式的信息库为支撑,处理信息,达到提高效率、降低成本、改进服务的目的的过程。

任何事物都是在不断发展之中的,人力资源管理信息化的概念也是动态的。目前对它的理解主要包括四个方面。

（1）人力资源管理信息化可以提供更好的服务。通过人力资源管理信息化系统，信息的收集更加快速有效，信息的沟通更加便捷，它能为不同用户提供所需要的信息，为他们的决策提供依据

（2）人力资源管理信息化可以降低成本。人力资源管理是一项十分复杂的工作，涉及的人员和信息众多，在没有信息化系统的时候，所花费的人力和时间非常多，为企业增加了不少成本，而信息化系统的使用，使信息的收集传递速度大大提高，而且花费的人力物力都很少，降低了企业的成本。

（3）人力资源管理信息化可以革新管理理念。人力资源管理信息化是一种管理方式的改进，通过管理方式的改进达到革新管理理念的目的，从而实现人力资源的优化。

（4）人力资源管理信息化是先进技术的运用。人力资源管理信息化过程中运用了计算机和互联网技术，还有赖于强大的软件和硬件，并涉及数据库的使用，这些都是先进的技术，都有利于做好人力资源工作，提高企业的工作效率，也是企业进步的重要体现。[①]

二、人力资源管理信息化的意义

（一）促进人力资源管理理念变革

人力资源管理信息化不仅能为企业进行人力资源管理带来诸多便利，还能带来先进的管理理念和思想。

1 人力资源管理信息化转变了人力资源管理理念

人力资源管理信息化在管理方面是开放性的，这对企业以往封闭式的管理是一种革新，最终对人力资源也是一种优化。人力资源管理信息化使人力资源管理逐渐走向互动、专业和全面，提高了人类资源管理在现代企业中的地位。

① 李士伟，王晓宇，董伟．企业管理与信息化融合创新[M]．北京：经济日报出版社，2017.

2. 人力资源管理信息化转变了管理角色

在以往的企业中，人力资源管理只是简单地提供人力资源信息，人力资源管理信息化的实现，增强了人力资源管理的战略性，使其对企业的意义和价值也更加重要，通过信息化，可以为企业管理者做出决策提供依据，也能为人力资源管理各项工作提供方法和经验。

（二）有效衔接了人力资源管理与主流管理系统

企业中包含着许多的信息，人力资源的相关信息只是其中一部分，因此人力资源管理信息化也只是企业整体信息化的组成之一。通过人力资源管理信息化，可以与企业其他管理系统衔接，实现人力资源管理的信息与其他信息的融合交流，其他信息可以为人力资源管理工作提供支持，而人力资源管理信息也可以为其他部门的信息提供依据，从而促进企业各部门信息的互通互联，有利于企业整体的发展。

（三）优化了管理结构与信息渠道

市场竞争日益激烈，企业要想在不断变化的环境中及时决策、获得持续发展，离不开企业内部之间的全方位沟通。而企业规模越大，这种沟通的实现就越困难。由于企业存在不同的部门、大量的员工，还涉及外部企业的联系，不论是在时间上还是在空间上都有着沟通的限制。人力资源管理信息化可以成为部门、员工，甚至企业间的纽带，摆脱时空的限制，促进沟通与交流。除此之外，还可以实现信息与知识的共享，提高企业的综合竞争力。

（四）使管理方式更加人性化

人力资源管理信息化的实现，为员工与企业的沟通提供了便捷的方式和渠道，通过这一系统，可以实现管理的实时化，有利于员工与企业利益的互动和统一。人力资源管理信息化是管理与信息技术的融合，带来了先进的管理理念，也使人力资源管理工作更加职业和专业，满足了企业和员工的需求，使管理方式更加人性化。

（五）提高人力资源管理的效率

人力资源管理工作涉及的内容庞杂，如人员的招聘和培训、薪酬的设置、绩效的评估，这些工作都有着一定的程序，需要花费大量的时间和人力物力。人力资源管理信息化的实现，为员工提供了自助服务以及信息共享等，还有助于无纸化办公的实施，节省了时间和成本，也使人力资源管理的效率大大提升。

（六）更好地适应员工自主发展的需要

员工是具有能动性的，为了生存与生活，他们为企业劳动，创造效益，同时员工也有自己的想法，有着自主发展的需要，他们对薪酬福利、职业生涯等企业的决策都有着自己的意见和建议。人力资源管理信息化，为员工表达相关的意见和看法提供了渠道，有利于他们参与企业的决策，同时通过人力资源信息化，企业可以对员工针对性地安排工作、学习，有利于员工的自我管理以及自主发展。

（七）有力促进企业电子商务的发展

人力资源管理信息化有力地促进了企业电子商务的发展。人力资源管理信息化就是电子化人力资源管理，人力资源管理的各项工作都借由这一系统实现了电子化，因而更加高效。同时，这也为企业建立虚拟组织、实现虚拟化管理创造了有利条件。

（八）提高企业人力资源管理水平，加快企业人力资源的开发

人力资源管理信息化，最直接的效果就是提高了人力资源管理工作的效率，使其更加科学、合理，更加公正、透明，各种政策的制定也更加民主和可行，大大提高了人力资源管理的水平，对于企业人力资源的开发有着积极的意义。

三、我国企业人力资源信息化管理的现实需要

从人力资源信息化管理的定义上来看，人力资源信息化的管理包含了多重的内容，在实际作用的发挥上，人力资源信息化管理同样也具备复杂的系统性特征。目前，我国的大部分企业已经逐渐具备了人力资源信息化管理的理论基础和硬件条件，然而在实际的运用和操作中，其信息化管理和内容以及相关的建设及其性能尚不全面，企业利用信息化管理的思维尚且不足。下面对我国当下大部分企业对人力资源信息化管

理存在的现实需求进行具体分析。

（一）企业发展战略需求

现代化信息社会的部分基本要求已经逐渐延伸到经济社会的各个角落，实际企业对于人力资源管理的信息化需求已经表现得十分明显。此处需要注意的是，企业发展的战略需求所指的并不是单纯的政策调整以及管理模式的对应改变。换言之，企业的战略需求是从实际的需求和对于未来的管理模式进行精密的预测之后所得到的。

人力资源信息化的管理对于正在逐步发展的企业的好处可以简单地分为以下几点。

（1）企业可以依靠逐渐发展的人力资源信息化管理发展出独特的管理特色，依据当前企业所面对的问题和市场的独特需求做出一定的规划。

（2）企业在面对技术管理接轨的时候，其相对的技术接轨成本更低。尤其是对于员工的信息化转换成本也更少。

（3）能够满足员工的潜在发展需求，在员工所能得到的信息反馈上能够满足要求，员工利用信息化要求的转换，获得更高层次水平的反馈和信息总结。

（二）管理水平以及管理层次的需求

当下企业管理之中常常出现管理水平和管理层次上的一系列变革，利用人力资源信息化的趋势，能够有效地针对管理中出现的一系列问题做出及时的调整。在当前的信息化管理之中，利用适当的信息管理可以做到在员工信息、员工考核、绩效考核、总体管理等一系列的综合信息的罗列和展示。对于出现跨地区、员工工种和素质不一样的管理，信息化的管理方式可以提供全局观。综合利用信息化的管理促使整体的改良和发挥。换言之，使在不同时空条件的员工在计算机的核算上有总体的安排规划，对于目前企业的人力资源等都有综合的体现，可以有效地对企业的现状进行管理，适时安排员工的工作，并且针对员工的特殊情况主动性地对综合管理的情况进行调整。

（三）员工的反馈需要

传统的管理方式对于员工的需求反馈有一定的延迟性，而信息化管理在其取代传统的管理方式的同时,还提供了相对直接的员工信息反馈的渠道,为员工改善工作方式方法起到了一定效力。从总体需求来说,企业要求从一般的任务完成开始和出现对于员工态度以及情感上的需求改善,方式方法上获得陆续的发展和潜在需求之中的表现,员工能够及时地利用信息化管理系统,查找相关的企业要求的条理和准则,对于企业变更的要求以及相关信息有良好的把握能力,同时可以依靠当下的信息反馈系统,利用其主要职能了解自我工作状态和相关反馈,对于考核也能够有比较直观和透明的把握。

信息化的管理需求同时还可以表现在其对于个人需求的尊重之上,每个员工都可以借助信息化管理系统了解到当下规程,甚至是提出自己针对规程的一部分意见。综合来说,对于企业的效力的反馈也有比较好的体现。

四、人力资源管理信息化的实施程序

企业进行人力资源管理信息化要按照一定的程序进行,一般来说,大致分为六个阶段,分别为:总体规划、系统分析、系统设计、选择解决方案、成立项目小组、正式运行。具体如图 7-15 所示。

五、我国企业人力资源管理信息化存在的主要问题

目前大多数企业虽然已经开始利用企业人力资源信息化管理,但是从各个方面来说都存在着一定的局限性和不足,依据其不足进行分类,大致可以分为主观投入不足和客观支持力度不足两方面。

(一)主观投入方面主要存在的问题

1. 企业对于人力资源信息化的客观需求认识不足

虽然当下已经进入信息化的时代,但是依旧存在不少企业仍旧沿用传统的人力资源管理方式,该类企业多为小型企业,规模不大,对于员工的综合管理素质要求也不高。针对这类企业所暴露的问题也可以看出当下的部分企业对于人力资源信息化的客观需求认识不足。此类企业将人力资源管理限制在一个较小的区域,对于当前的人力资源管理的

信息化水平比较局限，甚至总体上对于信息化的认知较为排斥。在未来的竞争中，该类企业的劣势也同样较为明显。

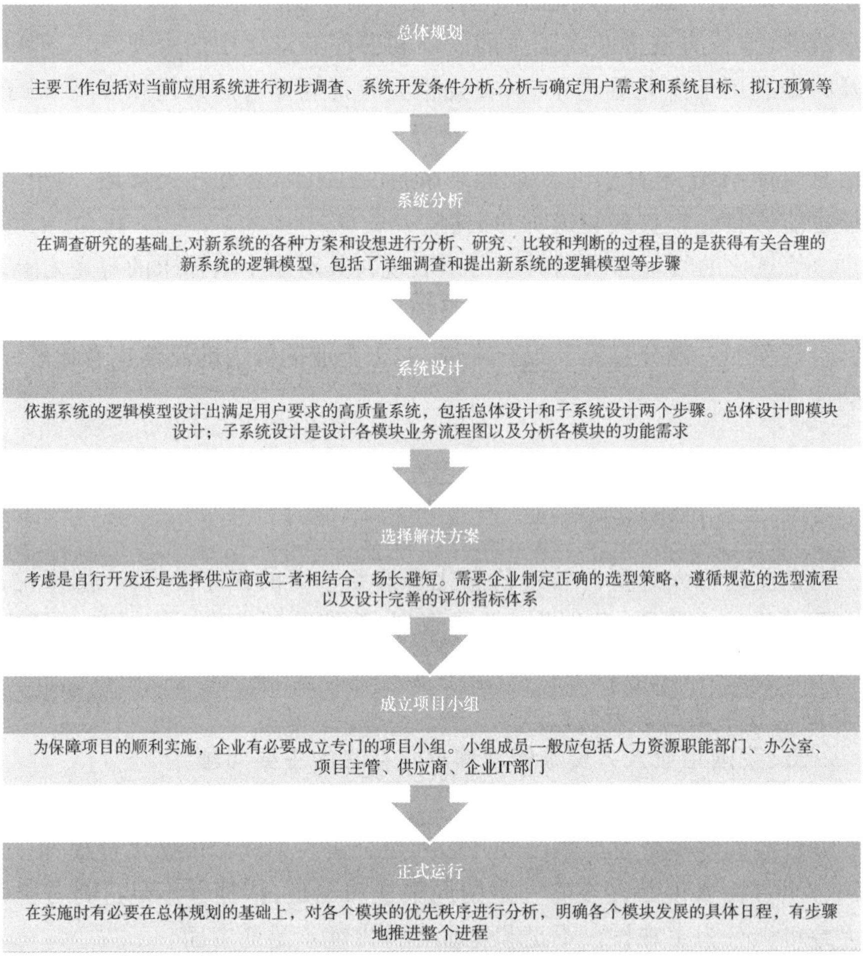

图 7–15　人力资源管理信息化的实施程序

2. 资金投入和相对管理方式迟滞

企业对于人力资源信息化认识不足，同期的缺陷还表现在资金投入少和相对的管理方式迟滞上。

我国企业进行人力资源管理信息化的过程中都会面临资金的问题。其实，企业进行人力资源管理信息化的目的是提高工作效率，进而降低成本，而要保障人力资源管理信息化的实现首先需要投入资金。人力资源管理信息化系统有自主开发和购买产品两种方式,自主开发费时费力,一般的企业难以承受,而购买相关产品也需要花费较多的资金。首先,购买人力资源管理系统成本会较高;其次,支付人员培训费用、系统维护和升级费用等这对企业来说都将会是一笔不菲的费用。由于将员工信息实行全面的信息化,网络化管理,初期需要投入一部分人力资源,特别是企业需要相关的人力资源管理人才进行辅助建设,在资金投入上需要投入一部分进行建设,然而企业对于该项没有直接盈利的建设项目兴趣往往不大,建设的需求表现出的状况也不明显,常常延误企业改革的需求和继续发展的潜力。

管理方式上出现了部分企业虽然将员工信息进行了信息化处理,但是综合上没有投入的现象。在一部分信息的发布上依旧依靠传统的模式进行。人力资源管理的信息化系统上针对性和实时性的特性都没有利用,使其整体的人力资源信息化管理都成了空架子,仅仅起到了企业装点门面的作用,此类缺陷同样也是对人力资源管理的信息化系统的浪费。

3. 人力资源管理者缺乏应用的能力

企业人力资源管理人员的素质水平影响着人力资源管理信息化的实施。人力资源管理信息化涉及互联网等信息技术的应用,这就要求人力资源管理者具备相应的能力,这也是实施人力资源管理信息化的前提。但是现实情况是,我国企业的人力资源管理者普遍不具备信息技术能力,这种能力的缺乏导致人力资源管理信息化在现代企业中的实施受挫。

4. 人力资源管理信息化的内容主要集中于事务处理

现代企业中不少都实施了人力资源管理信息化,但是对其的使用方面存在一定的问题。企业实施人力资源管理信息化,主要还是用来处理有关人力资源管理的一些事务性问题,如招聘、考勤、绩效评估等。其实人力资源管理信息化还包括进行人力资源规划、工作分析、自助服务等功能,但这些功能往往是目前企业中所不重视的,也是很少涉及的,因此对于人力资源管理信息化的进一步使用还有待深入。

（二）客观投入方面主要存在的问题

1. 国内大环境下信息化基础薄弱

我国目前已经全面进入信息化社会，然而我国的信息化技术发展与国外相比较而言，基础相对薄弱，部分技术依旧依靠国外的技术支持，没有自己的解决方案，在部分的人力资源信息化处理上的能力以及其综合管理能力尚且表现出一部分不完善的方面。而我国目前的人力资源方面相关的人才较为缺乏，虽然大专院校对于人力资源专业的学生培养较为全面，但是在人力资源信息化建设的专业性和使用程度上来说，人才依旧较为稀缺。

2. 国家尚无相关法律法规规范和保障

目前，我国对于企业的人力资源信息化管理没有进行一定的规范，针对目前不少企业中存在的管理乱象的治理能力不足，各个企业内部的信息化管理常常出现各自为政的现象，平台、代码之间没有统一的标准，对于整体的企业内部的人力资源信息化建设的优势关注不足。

我国同样在人力资源信息化法律效力之上的保障力度不足，信息化管理面临的一大难题就是信息的保密以及信息安全的处理，在此基础之上，国家在人力资源信息等网络信息安全的保护立法上常常表现出无力态势。法律规范的不完善，法律制裁的不到位。种种因素也是企业在实现人力资源信息化管理时的顾虑之一。

3. 缺乏专业的人力资源管理人员

企业人力资源管理的发展经历了从人事管理到人类资源管理再到人力资源开发与经营的过程。对于我国的人力资源管理发展来说，其中一个重要的原因就是外企的涌入。我国的人力资源管理与开发还处于初级阶段，对于很多企业，也只是从称呼上把人事管理部门改为人力资源管理部门，其实质并未发生多大改变。这主要是因为我国企业管理者观念较为传统，有的没有相关的人力资源管理专业知识，对于人力资源管理的内容与流程也不是很掌握，还有的对人力资源管理信息化的重要性和必要性认识不足。

4. 缺乏突出的人力资源管理软件产品和厂商

人力资源管理信息化涉及人力资源管理软件产品的使用。对于我国来说,企业虽然有相关需求,但我国人力资源管理信息化服务市场并不成熟,许多软件的开发还很低级,产品混杂,也不规范,这些软件产品被企业购买采用以后,难以真正发挥人力资源管理信息化的作用,也存在不符合现代企业现实需求的情况,这在一定程度上会影响企业管理者对人力资源管理信息化的态度,也会对现代企业实施人力资源管理信息化带来一定的阻碍。

六、我国人力资源管理信息化建设的发展方向

随着我国经济的发展,企业内部人力资源管理的信息化建设的必要性日益凸显。在我国人力资源管理的信息化建设的未来发展方向上应该注重以下内容。

(一)综合性

由于企业内部常常出现人力资源网络交错的状况,其部门在具体的管理上对人力资源管理的信息化要求有不同的属性,在此方面的建设适当地应该予以避免,转而针对网络化、体系化的人力资源管理结构进行综合的调整,趋向于扩大化和综合化。同时在建立相关的企业内人力资源信息化建设的同时,还应当建立相应的评估机制和反馈机制,提出适当的评估和反馈的标准,作为标准化的参照,提供给员工作为基础的改善意见。

(二)适用性

在经济发展的今天,中国当下正处在复杂的经济局面中,针对其适用性应当服从现实的需求,我国的人力资源信息化的发展起步比较晚,相对企业对其认识也存在一定的不足,这也就要求在未来企业的信息化建设的发展方向应该趋向于企业的实际条件进行适应,避免人力资源管理的信息化发展在中国企业的水土不服,根据我国的实际情况,进行管理的方针和规定条款的制定,优化整体的管理结构,避免隔靴搔痒的情况出现。

（三）安全性

针对目前我国网络信息安全立法的不完善以及相关法律执行的效率有限，这种环境加强了我国对于人力资源信息化安全性能的要求。其建设应当遵循安全性原则，在利用新的管理模式为企业的综合发展提供保障的同时，也应该有力避免公司可能面对的隐形损失，防止员工信息被盗用、泄密等不良影响。

七、我国企业人力资源管理信息化发展对策

（一）电子化数据方面的对策

在人力资源管理的过程中，涉及许多数据，进行人力资源管理信息化，就要对这些数据进行电子化处理。因为数据庞大，进行电子化数据处理时一定要注意相关问题，做好这一工作。具体来说，在进行人力资源管理信息化数据电子化过程中要做到以下方面。

1. 分析电子化数据特点，对症下药

电子化数据的特点是用户多、影响广、规范化难度高，而且要求准确、实时和统一。根据电子数据化的这些特点，就应该采取针对性的措施。如专人负责、规划整理、统一规范。在电子数据化即将完成时，要保证最新数据的更新，避免数据混乱的出现。

2. 评估电子化数据工作，做好人员安排

电子化数据的庞杂性和分散性，决定了这一工作的费时费力。在电子化数据时，一定要提前对电子化数据工作的工作量和工作难度进行明确，并对涉及这一工作的各部门进行分工，并做好相关工作人员的培训工作，保证电子化数据工作的效率和质量。

3. 高层参与，同时项目团队成员步调一致

在现代企业中，任何工作的开展，都离不开领导的支持。在电子化数据工作中，也要及时向领导汇报和沟通，不仅了解领导的要求，还要向领导反映工作的进展与困难，借助领导的力量，使企业各部门给予协调配合，保证电子化数据工作的有序开展。

电子数据化工作内容繁杂，涉及的工作人员众多，在工作过程中一定要做好及时沟通，将电子数据化的工作进行情况及时传递给团队成员，使各团队成员的思想得到统一，工作步调保持一致，在工作中形成合力，使电子数据化工作向着正确的方向前进。

（二）认真分析企业是否适合导入人力资源管理信息化

人力资源管理信息化是现代企业人力资源管理的趋势，也是顺应时代发展的要求。于是，有人认为，只要企业具有实力，就应该实施人力资源管理信息化。其实，这种看法存在一定的不合理性的。尤其是在我国，企业的性质多种多样，而且内部存在着许多复杂的关系，并且所处的发展阶段和采用的管理方式都存在差异。因此，在考虑人力资源管理信息化时，一定要对企业的情况进行评估，看看实施人力资源管理信息化是否可行。

其实，并不是所有的企业都能够实施人力资源管理信息化并取得理想的效果，人力资源管理信息化对企业也有着一定的要求。

第一，企业要有稳定的人事基础管理体系。如果企业的人事管理政策朝令夕改，即便实施了人力资源管理信息化，也难以保证系统能够根据实际情况及时调整，也就难以发挥其价值，甚至会阻碍企业的变革。

第二，企业的人事管理要权责明确。在人力资源管理信息化系统中，针对不同的用户，设置有不同的权限，如果企业的权责不明确，甚至混乱，就难以保证人力资源管理信息化系统数据的准确性和及时性。

第三，人力资源管理信息化要求人事管理人员具有相当的水平。人力资源管理信息化的作用是毋庸置疑的，它对企业的变革也是全面的，其中就包括对人工作习惯的改变。操作人力资源管理信息化系统，要按照规范进行，并保证数据止确，这样才能保证人力资源管理系统得出的结果正确，否则，就会导致人力资源管理信息化的效果大打折扣。

以上三点只是对企业是否适合实施人力资源管理信息化的基本判断。即使具备上述三个条件，也不意味着任何人力资源管理信息化系统都能适用。要选择与自身条件相符的人力资源管理信息化系统，一定要对自己企业的现状进行准确的分析，可以借鉴一些与自己企业情况类似的企业的相关经验，这更有利于做出正确决策。

（三）正确处理好标准化与客制化的关系

在实施人力资源管理信息化的过程中，一定要注意标准化和客制化的关系。所谓的“客制化”就是定制化的意思；人力资源管理信息化系统客制化，就是根据企业的现实情况，调整人力资源管理信息化系统。虽然客制化更能使人力资源管理信息化系统与企业相符合，但是否进行客制化，还是需要认真考量的，这就是要处理好标准化与客制化的关系。对于有些企业来说，其管理方式尚存在许多不合理的地方，人力资源管理信息化系统的客制化虽然适合了企业的需要，但也会让这些不合理规范延续下来，以后就会难以调整，会影响管理的效果。而对于一些企业来说，引入的人力资源管理信息化系统中的一些流程不具备在企业实施的可行性，这时就需要对系统做一些调整，使之符合企业现实。总之，只有做好人力资源管理信息化系统的标准化和客制化的取舍，才能保证系统良好作用的发挥。

（四）实施中的对策

1. 增强员工的信息化意识

人力资源管理涉及企业的所有部门，人力资源管理信息化也是一样，它与每一名员工的利益都密切相关。因此，企业实施人力资源管理信息化，需要增强员工的信息化意识，一方面，有利于人力资源管理信息化建设的进行，另一方面也有利于员工竞争意识的增强与个人技能的提高。

2. 选择合适的软件

人力资源管理信息化需要软件的支持，在选择软件时，要做好与自身条件相符。有实力的企业，可以自主开发相关软件，这样能保证与自身特点相符，而不具备相应能力的企业则要考虑购买软件，这时就要全面分析自身的情况，并考察软件的情况，有必要时，可以定制人力资源管理信息化系统软件。

3. 保证资金投入

实施人力资源管理信息化，一个前提条件就是有足够的资金支持。

人力资源管理信息化不是一个简单的过程，涉及多种因素，多个部门、大量数据。组织必须给予一定的资金投入，但是也要对自己的经济情况有了解，有步骤、有计划的进行，选择合适的人力资源管理信息化系统。

4. 加强人本管理

人力资源管理，是对人的管理，因此一定要注重人本思想，做到“以人为本”。人力资源管理信息化系统依靠软件进行人力资源管理，但软件是死的，人是灵活的，在人力资源管理中，一定要在依靠软件管理的同时，做好人性管理，保证人力资源管理信息化的顺利实现以及工作效率的提高。

5. 提高人力资源管理者的应用能力

人力资源管理信息化不是简单的引入相关软件对人力资源进行管理就完了，还涉及人力资源管理的优化与更新。这对人力资源管理者的应用能力提出了要求，人力资源管理者要具备先进的管理理念，对人力资源管理信息化有深刻的理解，还要具备运用这一系统的技术能力。只有不断提高人力资源管理者的应用能力，才能将人力资源管理信息化的效果发挥得更好。

6. 注重信息化建设的“本土化”

发达国家在人力资源管理方面处于先进水平，积累了相当丰富的经验。我国要向发达国家学习，借鉴其管理经验，吸收人力资源管理，尤其是人力资源管理信息化建设中的良好做法，做好人力资源管理信息化的本土化改造。我国的人力资源管理信息化建设应该从企业的实际需要和所处阶段出发，从整体上进行设计，统筹进行安排，有步骤、有计划地进行。

参考文献

[1] 张景亮 . 新时代背景下企业人力资源管理研究 [M]. 长春：吉林科学技术出版社，2020.

[2] 张文仙，王鹭 . 新时代背景下企业人力资源管理研究 [M]. 长春：吉林大学出版社，2019.

[3] 郗亚坤，曲孝民 . 员工培训与开发 [M]. 沈阳：东北财经大学出版社，2019.

[4] 曹飞颖，刘长志，王丁 . 人力资源管理 [M]. 天津：天津科学技术出版社，2019.

[5] 张同全 . 人力资源管理 [M]. 沈阳：东北财经大学出版社，2018.

[6] 谢永建 . 转型中的人力资源管理 创造成果与价值 [M]. 北京：科学技术文献出版社，2018.

[7] 资雁 . 新思维红利：化妆品企业组织再造系统 [M]. 成都：西南交通大学出版社，2018.

[8] 彭剑锋 . 人力资源管理概论 [M].3 版 . 上海：复旦大学出版社，2018.

[9] 欧阳远晃，王子涵，熊晶远 . 现代人力资源管理 [M]. 长沙：湖南师范大学出版社，2018.

[10] 孙波 . 绩效管理本源与趋势 [M]. 上海：复旦大学出版社，2018.

[11] 齐义山，谢丽丽 . 人力资源管理 [M]. 西安：西安电子科技大学出版社，2017.

[12] 刘泓汐，程娇，马丹 . 人力资源与企业管理研究 [M]. 长春：吉林人民出版社，2017.

[13] 陈葆华，任广新，张建国 . 现代人力资源管理 [M]. 北京：北京理工大学出版社，2017.

[14] 李涛 . 公共组织人力资源管理 [M]. 北京：科学出版社，2017.

[15] 李士伟，王晓宇，董伟．企业管理与信息化融合创新 [M]. 北京：经济日报出版社，2017.

[16] 姚裕群．人力资源管理概论：原理、环境、操作 [M]. 沈阳：东北财经大学出版社，2017.

[17] 何辉．大数据背景下的企业人力资源管理创新研究 [M]. 北京：电子工业出版社，2016.

[18] 曹海英．人力资源管理概论 [M]. 北京：中国金融出版社，2016.

[19] 王文成．企业人力资源管理的重点问题与价值新方向 [M]. 北京：中国商务出版社，2016.

[20]孙柏瑛，都凡骅．公共部门人力资源开发与管理[M].4 版．北京：中国人民大学出版社，2016.

[21]余泽忠．绩效考核与薪酬管理[M].2 版．武汉：武汉大学出版社，2016.

[22] 云鹏．薪酬福利管理 [M]. 北京：中国商业出版社，2016.

[23] 倪星，谢志平．公共部门人力资源管理 [M].2 版．大连：东北财经大学出版社，2015.

[24] 陈全明，张广科，陈芳．人力资源管理概论 [M]. 北京：清华大学出版社，2015.

[25] 顾琴轩．绩效管理 [M].3 版．上海：上海交通大学出版社，2015.

[26] 付亚和，许玉林．绩效管理 [M].3 版．上海：复旦大学出版社，2014.

[27] 于环宇．绩效管理设计 [M]. 广州：广东旅游出版社，2014.

[28] 李前兵，周昌伟．员工培训与开发 [M]. 南京：东南大学出版社，2013.

[29] 吴晓姝，杨海．员工薪酬福利管理 [M]. 北京：电子工业出版社，2009.

[30] 吴晓姝，杨海．员工薪酬福利管理 [M]. 北京：电子工业出版社，2009.

[31] 李燕荣．薪酬与福利管理 [M]. 天津：天津大学出版社，2008.

[32] 刘晓红．人力资源管理创新与评价 [M]. 成都：西南交通大学出版社，2006.

[33] 周文，黄宝明，方浩帆．薪酬福利管理 [M]. 长沙：湖南科学技术出版社，2005.

[34] 华茂通咨询 . 现代企业人力资源解决方案 第 3 篇 员工培训与开发 [M]. 北京：中国物资出版社，2003.

[35] 谢晋宇 . 企业人力资源开发与管理创新 [M]. 北京：经济管理出版社，2000.

[36] 罗琴 . 论新经济时代企业人力资源管理的创新与发展趋势 [J]. 现代经济信息，2019（13）.

[37] 张效珲 . 现代企业人力资源管理的创新与发展 [J]. 人力资源管理，2018，000（011）：11.

[38] 王微 . 新经济时代企业人力资源管理的创新与发展趋势 [J]. 中国集体经济，2015（28）：106-107.

[39] 董秋云 . 网络环境下的企业人力资源管理系统构建研究 [J]. 齐齐哈尔大学学报：哲学社会科学版，2009（04）：65-66.

[40] 企业员工绩效评估的创新研究 [EB/OL].https：//wenku.baidu.com/view/7d3f9da1ad1ffc4ffe4733687e21af45b307fe83.html.